존엄하고
초라한

존엄하고
초라한

존엄하고

강미현 지음

존재를 배제하는 공간에 대하여

초라한

건축이라 하면 흔히, 보이는 뭔가를 짓는 행위를 떠올린다. 그런데 건축은 눈에 보이지 않는 것들을 생각하는 '마음'이다. 그리고 그 마음은 언제나 사람에게로 향한다.

지난 30여 년 동안 건축은 나의 기쁨이자 자부심이었다. 내가 건축을 한다는 사실이 좋았고, 건축사로서 누군가의 삶을 조금이나마 더 편안하게 해줄 수 있다는 사실에 행복을 느꼈다. 하지만 그토록 사랑해 마지않는 건축이 때때로 누군가를 아프게 하고, 힘들게 하고, 차별하는 일에 앞장서기도 한다는 사실을 알고 있다.

한때는 법을 지키는 건축이면 충분하다고 생각했다. 그 믿음이 산산조각 난 것은 공간의 잔혹한 모습을 목격한 뒤였다. 오래전 나는 여러 명의 장애인들과 함께 전라북도 도청 및 의회 청사(오늘날 전북특별자치도 청사)를 탐방했다. 그 건물은 2006년 한국건축문화대상 사회 공공 부문 본상을 받은 건물이었기에 실제 사용자들이 어떤 반응을 보일지 기대를 품고 향했다. 하지만 의회동 입구에서 부터 난감한 일이 일어났다. 휠체어가 자칫하면 방풍실의 여닫이 문과 부딪힐 것 같은 아찔한 상황이 벌어진 것이다. 그런데 정작 휠체어를 탄 이들은 아무렇지 않게 "여기서 자주 부딪혀요"라고 말하는 것이 아닌가. 그 말이 꼭 깊은 상처를 입은 자의 오래된 상흔 같이 느껴졌다.

문제는 거기에서 그치지 않았다. 경사로는 적법하게 만들어졌음에도 전동 휠체어와 의료용 스쿠터가 자꾸만 기울어졌다. 올라갈 때도 내려갈 때도 휠체어가 뒤집힐 것 같아 불안하기만 했다. 넓다고 생각했던 엘리베이터는 휠체어와 스쿠터가 동시에 들어가지 않아 차례로 이용해야 했다. 기다림이 당연시된 이들의 사정이 그제야 눈에 들어왔다. 공간의 치명적인 문제는 화장실에서도 드러났다. 휠체어 사용자가 문을 열고 들어갈 수는 있었으나 회전 반경이 좁아 되돌아 나올 수가 없는 것이었다. 나는 그날 적법하게 지어진 건축물이 얼마나 쉽게 사람의 존엄을 짓밟을 수 있는지를 생생히 목격했다. 우리의 건축 문화가 모든 사용자를 위한 기본적인 배려조차 하지 않는 인색한 수준이라는 것을 여실히 느꼈고, 사회의 안전망이라 믿었던 법이 그 자체로는 안전을 의미하지도, 편안함을 보장하지도 않는다는 사실을 깨달았다.

어느새 나이가 들어 보행 보조기가 필요해진 우리 엄마, 학교에서 돌아오면 책가방보다 마음이 더 무거워 보이는 애틋한 조카, 겨울밤 주차된 자동차 아래에서 몸을 웅크리고 떨고 있는 작은 고양이, 그리고 휠체어를 타는 내 친구 승권이와 해선이. 나의 우주에 있는 존재들이 더 많이 웃을 수 있으면 좋겠다.

주거, 노동, 장애, 교육, 공존이라는 다섯 가지 즈제로 글을 썼다. 모두 우리 곁의 이야기다. 건축과 도시환경에 관심을 갖고 계신 분들께 이 이야기에도 귀 기울여 주시길 부탁드리고 싶다. 사회 구성원 모두가 관심을 기울인다면 그동안의 과오를 분명 바로잡을 수 있을 것이다. 나아가 우리의 관행적 선택이 누군가를 초라하게 만들 수도 있다는 사실이 독자분들께 전달된다면 더 바랄 게 없을 것이다.

2026년 1월 전주에서

강미현

차 례

1부

존재의

보금
자리

「주거기본법」 제2조 "국민은 관계 법령 및 조례로 정하는 바에 따라 물리적·사회적 위험으로부터 벗어나 쾌적하고 안정적인 주거환경에서 인간다운 주거생활을 할 권리를 갖는다." 대한민국 국민이라면 쾌적하고 안정적인 환경에서 인간답게 살아갈 권리가 있다는 얘기다. 그런데, 우리의 현실은 정말 그러한가?

최저주거기준 미달 청년 가구

고시원으로 향하는 청년들

많은 이들이 때가 되면 부모의 품을 떠나 자신만의 세상을 꾸려간다. 언제나 청년에게 독립은 쉽지 않은 과제이지만, 요즘처럼 주거 비용이 높아져 경제적 자립이 어려운 시기에는 특히 그 벽이 더 높게 느껴진다. 오늘날 심각한 취업난과 치솟은 월세 앞에서 많은 청년들이 어쩔 수 없이 선택하는 공간이 있으니, 바로 고시원이다.[*]

나 역시 사회 초년생 시절 고시원에서 생활했다. 당시 내 방은 창이 없어 볕이 들지 않았고, 의자를 책상 위로 올리고 대각선으로 누워야만 겨우 발을 뻗을 수 있을 만큼 작은 방이었다. 무려 30년도 더 지난 일이다. 그런데 오늘날 고시원에서 생활하는 청년들의

---

[*] 국토교통부가 발표한 「2024년도 주거실태조사」 결과 보도자료에 따르면 최저주거기준에 미달하는 청년 가구의 비율이 8.2%나 된다. 1인 가구의 최저주거기준은 화장실과 부엌이 딸린 14㎡(약 4.2평) 이상의 공간인데, 2평 내외의 발만 뻗을 수 있는 고시원 혹은 그와 비슷한 공간에서 살아가는 청년들이 약 27만 명이나 된다는 의미다.

모습을 보면 꼭 과거의 나를 보는 것 같기도 하고, 어떤 부분에선 아직 우리 사회가 많이 나아가지 않은 듯하여 마음이 아프다.

청년들이 월세를 조금이라도 아끼기 위해 한 선택의 대가는 혹독하다. 빛과 바람이 들지 않는 방, 숨소리조차 신경 써야 하는 얇은 벽, 아침마다 줄을 서서 기다려야 하는 공용 화장실. 세탁기 소음이나 옆방에서 들려오는 통화 소리, 코 고는 소리에 잠을 설치기도 한다. 때로 늦은 밤 술 취한 이웃의 소란 때문에 발생하는 예기치 못한 마찰도 감내해야 한다.

그런데도 많은 청년이 여전히 고시원을 선택하는 이유는 무엇보다 보증금이나 임차료를 감당할 수 없기 때문이다. 게다가 고시원은 보통 관리비나 공과금이 없고, 쌀과 김치 등을 기본적으로 제공해 주는 곳이 많아 경제적 부담을 덜어주기도 한다. 최근에는 월세가 높은 대신 개인 화장실까지 갖춘 프리미엄 고시원도 등장했다. 얼핏 보면 그 정도 비용이면 차라리 원룸을 구하는 것이 나아 보이지만, 보증금을 마련할 여력이 없는 청년들은 궁여지책으로 프리미엄 고시원을 택하게 된다. 하지만 이런 선택은 청년들이 돈을 모으기 더욱 어렵게 만들고, 장기적으로 보면 더 나은 집으로 옮겨가는 것의 방해 요소로 작용한다.

2015년 정부는 고시원의 열악한 환경을 개선하고자 「다중생활시설 건축기준」을 마련했다. 화재 발생 시 신속히 대피할 수 있도록 복도 폭을 넓히고, 방 사이에는 소음 차단 기준을 적용하는 등 최소한의 안전과 생활환경을 확보하기 위한 조치였다. 그러나 이 기준은 시행 이후 새로 짓거나 리모델링하는 시설에만 적용되었다. 이미 영업 중이던 고시원들은 이를 즉시 따를 법적 의무가 없기 때문에, 고시원 상당수가 여전히 열악한 환경을 유지하고 있다. 설령 모든 고시원이 이 기준을 완벽하게 충족한다고 하더라도 문제는 남는다. 정말 이 정도 기준으로 인간다운 삶을 보장한다고 말할 수 있을까?

「다중생활시설 건축기준」은 "다중생활시설(공용시설 제외)을 지하층에 두지 말 것" "각 실별로 학습자가 공부할 수 있는 시설(책상 등)을 갖출 것" "시설 내 공용시설(세탁실·휴게실·취사 시설 등)을 설치할 것" 등의 기준을 명시해 놓았지만, 인간다운 주거권을 보장하는 최소한의 면적에 대해서는 침묵하고 있다. 또한 소음 방지 기준에 적합해야 한다는 내용은 담겨 있으나 실생활에서 그 기준의 실효성을 담보하지는 못한다. 결국 이 기준은 최소한의 안전을 정비하는 데 초점을 맞췄을 뿐, 생활환경 보장이라는 인권적 관점으로는 나아가지 못했다.

애초에 우리나라의 최저주거기준 자체도 너무 낮다. 사람이 거주하기 위해 갖춰야 할 최소한의 주거 면적을 14㎡(약 4.2평)로 설정해 두었는데, 우리나라와 법체계가 가장 비슷한 일본이 25㎡(약 7.5평)인 것과 비교하면 너무 낮은 수준이다. 당연히 문제는 면적만이 아니다. 「최저주거기준」에는 "적절한 방음·환기·채광 및 난방설비를 갖추어야 한다"라고 명시되어 있지만, 무엇이 적절한 수준인지는 다루지 않는다. 게다가 최저주거기준 자체도 법적 구속력이 없어 사실상 유명무실한 상황이다. 청년들의 주거 문제를 해결할 근본적인 해법을 단번에 마련하기는 어렵다는 것을 너무 잘 안다. 그렇다고 해서 미흡한 기존 정책을 방치하고 있을 일은 아니다.

그래도 청년들의 주거 문제를 해결하기 위한 정부 기관과 지자체의 노력이 아주 없는 것은 아니다. 다양한 방식으로 청년 주거 지원에 힘쓰고 있는데, '아츠스테이'가 그런 시도의 한 사례다. 아츠스테이는 한국토지주택공사(이하 LH)와 서울주택도시개발공사(SH) 등 공공기관이 공급·지원하고, 사회적기업 안테나ANT3NA가 기획·운영하는 청년·예술인 특화 사회주택social housing형 임대주택이다. 기존 호텔을 매입해 리모델링한 뒤 청년과 예술인들에게 인근 오피스텔 임대료의 절반 수준으로 공급하는 이 주거 모델은, 작지만 온전한 개인 공간과 넓은 공유공간이 유기적으로 결합된 형태다. 침실은 독립적으로 사용할 수 있도록 보장하면서 세탁실, 주방 등 공용공간을 함께 쓰도록 설계해 사생활 보호와 공동체 형성의 균형을 이루어냈다. 일반 오피스텔에서는 좀처럼 보기 힘든 다양한 커뮤니티 공간이 활성화되어 있다는 것도 특징이다. 아츠스테이는 청년들에게 월세 부담을 낮춰주는 것 이상의 의미를 갖는다. 고시원 같은 열악한 환경이 초래하는 고립과 단절을 해소하고 '집'이라는 공간이 새로운 기회와 관계를 만들어내는 플랫폼이 될 수 있음을 보여주는 모델이다.

다른 나라들은 어떤 방식으로 청년들의 주거를 지원하고 있을까? 주거 문제의 해법을 가장 근본적인 차원에서 접근하는 나라는 덴마크다. 덴마크에서는 사회주택이 전체 주택의 20%를 차지하는 보편적인 주거 형태이다. 청년이든, 노인이든, 이민자든 덴마크 국민이라면 누구나 신청을 할 수가 있는데, 이는 집이라는 공간을 특별한 자격을 갖춘 사람들에게만 허락도는 것이 아니라 시민 누구나 누려야 할 보편적 권리로 보는 철학이 만든 결과이다. 이러한 특징 덕에 덴마크에서는 사회주택이 '모두의 주택common housing'으로 불린다고 한다. 게다가 덴마크의 사회주택은 입주자가 원한다면 평생 살 수도 있을 정도로 주거 안정이 보장된다. 덴마크 정부는 GDP의 0.5%에 달하는 막대한 금액을 주거급여로 지원해, 청년층과 고령층을 위한 사회주택의 임대료를 낮게 유지하고 있다.[01]

한편 핀란드의 수도 헬싱키에서는 시와 사회주택 공급자가 협력해 청년에게 주택과 일자리를 하나의 패키지로 제공하는 정책을 운영하고 있다. 또 네덜란드 중앙정부는 주거 취약계층에게 임대료의 40~65%가량을 지원하는 주거 보조금 제도를 운영하고 있는데, 그 대상에 저소득 청년을 포함시켜 청년 세대가 보편적 주거복지에서 배제되지 않도록 하고 있다. 이탈리아의 경제 수도라 불리는 밀라노에서도 청년을 포함한 취약계층을 위한 사회주택을 건설하고 입주자들이 지역사회를 위한 활동에 참여하는 프로젝트가 시행되고 있다.[02]

다른 국가의 청년 주거 지원 정책처럼, 단순한 주거 지원에 그치지 말고 청년의 자립, 고용, 자산 형성 등 삶의 기반을 통합적으로 살피는 방향을 고려할 필요가 있다. 무엇보다 청년들에게 집은 독립의 완성이 아니라 새로운 가능성을 향해 나아가는 출발점이다. 그런데 우리 사회는 그 출발점 앞에 터무니없이 높은 턱을 쌓아놓았다. 이제 그 턱을 낮추고 집을 상품이 아닌 '삶의 기반'으로 바라볼 때다. 청년들에게 집이 편안히 머물 수 있는 안식처이자 새로운 희망으로 향하는 시작점이 될 수 있게 말이다.

집이 아닌 곳에서 사는 사람들

집의 자격을 묻다

"아무리 청소하고 환기를 해도 지하 특유의 꿉꿉한 냄새가 사라지지 않아요. 장마철이면 창문 틈으로 빗물이 들어오고, 배수구가 역류해 집 전체가 물바다가 된 적도 있어요. 집값이 저렴해 어쩔 수 없이 살고 있지만 옷, 가방, 신발까지 곰팡이가 피는 건 정말 견디기 어렵습니다."

몇 년간 반지하에 살았던 호대 씨의 이야기다. 봉준호 감독의 영화 〈기생충〉에도 주인공 가족의 반지하 집이 물에 잠기는 장면이 나온다. 창을 통해 빗물이 집 안으로 들이쳐 턱 바로 밑까지 무섭게 차오르는 그 장면에는 반지하주택 거주자들이 폭우가 내리면 느끼는 공포가 고스란히 담겼다.

열악한 주거 환경은 반지하만의 문제가 아니다. 선풍기 한 대로 한여름 폭염을 견디는 쪽방촌 주민들, 컨테이너, 비닐하우스 등 비공식 주거지에서 살아가는 이웃을 지금도 적잖이 만날 수 있다. 옥탑방의 현실도 크게 다르지 않다. 드라마 속에선 종종 옥탑방이 도심 전망을 감상하고 친구들과 맥주 한잔을 즐기는 낭만적 공간으로 그려지지만, 실제로는 단열이 취약해 여름과 겨울 내내 사람이 살기 힘든 환경이다.

사실 지하층은 애초부터 주거를 위한 공간이 아니었다. 그러나 경제성장으로 수도권에 인구가 급증하면서 주택 부족 문제가 심각해지자, 1975년 「건축법」 개정을 통해 지하층을 주거 목적으로 쓸 수 있도록 허용하게 되었다. 이때부터 비교적 저렴한 비용으로 살 수 있는 반지하에 사람들이 몰리기 시작했다. 이에 정부는 반지하의 열악한 주거 환경을 개선하고자 1984년 「건축법」을 한 차례 더 개정했다. 원래 지하층은 그 층의 바닥으로부터 지표면까지의 높이가 천정까지의 높이의 3분의 2 이상이어야 했는데, 연면적 330㎡ 이하의 다세대주택과 단독주택의 경우에는 바닥으로부터 지표면까지의 높이가 천정까지의 높이의 2분의 1 이상이 되면 지하층으로 보도록 완화한 것이다. 이는 주거 환경 개선을 위한 조치였으나, 결과적으로는 땅을 덜 파도 되게 만듦으로써 건축주에게 지하층을 더 쉽게 시공할 수 있는 여건을 제공해 반지하주택이 오히려 크게 늘어나는 계기로 작용했다.[03]

1989년 제정되어 2003년에 폐지된 「도시 저소득주민의 주거환경 개선을 위한 임시조치법」도 같은 맥락에서 이해할 수 있다. 이 법은 주택 공급을 확대하기 위해 주차, 단열 등 여러 건축 기준을 완화할 수 있게 만들어진 법이었는데, 건축비를 낮추어 허술한 집들을 양산하는 촉매제가 되었다. 당연히 이러한 공급 중심의 정책은 주택 수를 늘리는 데에는 성공했지만, 동시에 사람들의 생활환경을 열악하게 만드는 부작용을 낳았다. 2026년 현재 「건축법」은 지하층을 주거 용도로 사용하는 것을 원칙적으로 금지하고 있으며, 옥탑 역시 증축 허가를 받고 주거용으로 지어지지 않은 이상 단독 주거 공간으로 인정하지 않는다. 그럼에도 현실에서는 여전히 수많은 주거 취약 계층이 반지하와 불법 옥탑방, 컨테이너와 같은 열악한 공간에 집을 꾸리고 있다.

재미있는 것은 2023년 기준, 우리나라의 전국 주택보급률이 102.5%라는 것이다. 서울, 경기, 인천, 대전을 제외한 모든 지역에서 주택보급률이 100%를 넘어섰다. 수치만 보면 모두에게 집이 잘 보급된 듯한데, 예상되는 바와 같이 현실과 수치 사이에는 큰 간극이 있다. 주택보급률은 주택 수를 가구 수로 나눈 뒤 100을 곱해 산출한 값인데, 가구 수 집계에 외국인 가구와 집단 가구는 제외된다. 반면 원룸을 불법으로 쪼개 만든 여러 개의 쪽방이나 반지하주택, 빈집 등은 적정 주택으로 간주되어 주택 수에 포함된다. 이처럼 주택 수는 커지고 가구 수는 축소되다 보니 보급률이 과다 산정되고 있다.[04] 그러므로 현재 주택보급률은 현실을 제대로 반영하지 못하는 수치다.

한편 비공식 주거지에서 살아가는 이들의 현실을 보여주는 데이터가 있는데, 국토교통부의 「주택 이외의 거처 주거 실태 조사」 자료다. 자료에 따르면 2022년 기준 무려 44만 여 가구가 주택 이외의 거처에서 거주하고 있는데, 그 수가 점점 증가하는 추세다. 가장 많은 비중을 차지한 유형은 '일터의 일부 공간'으로 38.2%에 달했고, '고시원·고시텔'이 35.7%, '숙박업소 객실'이 13.1%, '판잣집·비닐하우스'가 2.3%로 뒤를 이었으며, 종교시설, 컨테이너, 쪽방, 마을회관 등의 '기타' 거처에 사는 가구는 10.6%에 이르렀다.[05]

왜 이토록 많은 이들이 주택이 아닌 공간을 선택한 것일까? 현재 거처에서 거주하게 된 이유에 대한 가장 많은 응답은 '일자리 혹은 학교와 가까워서(73.7%)'였고, 그다음은 '이곳보다 더 저렴한 월세를 찾기 어려워서(7.8%)'였다. '독립된 개인 공간이 필요해서(4.3%)' '가족·친지·지인이 근처에 거주하고 있어서(3.5%)' 등의 답도 있었다.[06] 팍팍한 현실이 그들을 집이라고 부르기 어려운 공간으로 밀어 넣고 있음을 보여주는 데이터다.

이와 같은 비공식 주거지에 사는 이들이 안전하고 존엄한 삶을 보장받을 수 있도록 우리 사회가 적극적으로 나서야 할 때다. 가장 시급한 과제는 단열과 방수의 개선이다. 방습벽 설치, 낡은 창호 교체, 단열 보강, 누수를 막기 위한 방수 공사 등이 반드시 이루어져야 한다. 배수구 역류를 막기 위해 배수시설을 정비하는 일도 중요하다. 이러한 기본적인 주거 환경 개선만으로도 반지하, 옥탑방, 쪽방 거주자들이 겪는 습기와 곰팡이 문제, 냉난방 문제는 상당 부분 해결할 수 있다. 입주민들이 원할 경우 공공주택으로 이주할 수 있도록 지원하는 일도 중요하다. 더불어 이웃 공동체 기반의 방재 시스템을 구축하는 것도 필수적이다. 긴급 상황이 발생했을 때 이웃이 서로를 살피고 도울 수 있는 구조를 마련하는 것은 재난에 취약한 사람들을 지키기 위한 최소한의 안전망이기 때문이다.

누구나 집 때문에 고통받지 않는, 최소한의 인간다운 삶을 누릴 수 있는 사회를 바랄 것이다. 그렇다면 언제까지고 외면하고 있을 수만은 없다. '주택보급률 100%'라는 수치 뒤에 존재하는 수많은 주거 취약자. 이들의 삶을 이해하고 현실적인 대안을 마련한다면, 우린 분명 함께 살아가는 기쁨을 느끼게 될 것이다.

거리의 이웃

노숙인이 다시 사회의 구성원이 되려면

오늘날 '홈리스'로 불리는 노숙인은 흔히 정해진 주거 없이 공원이나 거리, 역, 폐건물 등을 거처 삼아 생활하는 사람을 말한다. 한편 「노숙인 등의 복지 및 자립 지원에 관한 법률(약칭 '노숙인복지법')」에서는 "상당한 기간 동안 일정한 주거 없이 생활하는 사람" "노숙인 시설을 이용하거나 상당한 기간 동안 노숙인 시설에서 생활하는 사람" "상당한 기간 동안 주거로서의 적절성이 현저히 낮은 곳에서 생활하는 사람" 중 어느 하나에 해당하는 사람을 전부 노숙인으로 규정하고 있다.

노숙인에게도 거리에서 보내는 하룻밤은 생존을 건 행위다. 기후를 온몸으로 견뎌내야 하기에 그들에게 여름과 겨울은 특히 가혹한 계절이다. 하지만 그보다 더 가혹한 것은 사회적 시선이다. 노숙인을 게으르고 한심한 사람, 때로는 우리를 위협할 수 있는 폭력적인 사람으로 여기는 편견 속에서 그들은 쉽게 존재를 부정당한다. 이런 시선 앞에서 노숙인은 우리의 이웃도, 도시의 한 사람도 아닌 거리의 부랑자일 뿐이다.

노숙인들은 어떻게 지금의 삶에 이르게 된 것일까. 많은 사람들이 노숙인이 된 원인을 개인의 무능력이나 게으름, 의지 부족으로 여기는 경향이 있지만, 실제로 노숙인의 삶에는 우리 사회의 그늘이 짙게 드리워져 있다. 보건복지부에서 발표한 『2024년도 노숙인 등*의 실태 조사』는 이러한 현실을 조금이나마 들여다볼 수 있게 해준다. 조사 결과 전국의 노숙인은 1만 2725명으로 파악되었으며, 이는 직전 조사인 2021년 조사(1만 4404명) 대비 11.6%(1679명) 감소한 수치다. 전체 노숙인 중 남성은 77.5%(9865명), 여성은 22.4%(2851명)였고, 노숙인의 절반 이상인 52.1%(6636명)는 서울·경기·인천 등 수도권에서 생활하고 있었다. 특히 거리 노숙인의 경우 수도권 집중도가 75.7%(1022명)에 달하는 것으로 나타났다. 노숙에 이르게 된 가장 큰 이유는 사회적 요인에 의한 것이었다. 거리 노숙인의 노숙 사유 조사에서 가장 높은 응답은 '실직(35.8%)'이었으며, '이혼 및 가족해체(12.6%)' '사업 실패(11.2%)' 등이 그 뒤를 이었다. 일터의 상실이 곧 경제적 기반의 붕괴로 이어지고, 그것이 결국 그들을 거리로 몰아냈다는 사실을 보여주는 자료다.**

---

* '노숙인 등'이라고 표현한 이유는 조사 대상에 거리 노숙인과 시설 노숙인뿐 아니라 쪽방 상담소에서 지원을 받는 쪽방 주민까지 포함되어 있기 때문이다.

** 이 통계에서 짚고 넘어가야 하는 부분이 있다. 다름 아닌 노숙인의 수가 꾸준히 줄어들고 있다는 사실이다. 시설 자체가 줄어들고 있기 때문에 시설 노숙인이 큰 폭으로 감소했는데, 그렇다고 거리 노숙인의 수가 증가한 것도 아니다. 오히려 거리 노숙인 또한 감소세를 보이고 있다. 이에 대해 동덕여자대학교

그렇다면 이렇게 거리로 내몰린 노숙인들이 마주하게 되는 현실은 어떠할까. 거리에서 그들을 기다리고 있는 것은 다름 아닌 혐오와 조롱이다. 2024년 말 한 인터넷 방송인이 노숙인들이 있는 장소에 찾아가 그들을 조롱하며 괴롭히는 방송을 진행했다. 혐오를 부추기는 이 영상에 노숙인들의 얼굴과 잠자리가 그대로 노출되었다. 기사에 따르면 영상이 나간 후 중고등학생들도 찾아와 노숙인을 조롱했다고 한다.[07] 또한 민간 용역 경비원들이 노숙인의 살림살이를 철거하는 일은 흔하고 역사, 광장, 지하도 등 곳곳에는 "구걸 금지" "노숙인 지원 금지" 등의 안내문이 걸려 있다. 우리의 도시는 이들에게 틈을 내어주려 하지 않는다.

저렴하게 머물 수 있는 쪽방이나 고시원, 혹은 정부가 운영하는 시설에 들어가면 되는데 왜 거리에서 힘들고 위험하게 생활하는지 의문을 갖는 사람들이 많다. 그런데 아무리 열악한 공간이라 해도 쪽방이나 고시원은 매달 월세를 내야 한다. 당장 가진 돈이 없는

남기철 교수는 현재 집계된 숫자를 곧바로 노숙 문제의 규모로 받아들이는 것은 적절치 않다고 지적한다. 우리나라는 특정한 날 밤, 노숙인이 있을 것으로 예상되는 장소를 찾아가 잠을 자는 사람의 수를 집계하는 PITPoint in-Time Count 방식으로 조사하는데, 이 방식에는 여러 한계가 있기 때문이다. 해당 시점에 다른 장소에 머무르고 있던 사람은 집계되지 않고 그 장소에 있었더라도 노숙 중이라고 판단되지 않으면 역시 집계되지 않으니, 규모가 실제보다 축소될 가능성이 있다.(남기철, 「[기획3] 노숙인 수의 감소 속에 잠재된 위험」, 『월간복지동향』, 참여연대, 2024년 12월 1일.) 여기에 여성의 이야기까지 더해지면 문제가 더 복잡해진다. 여성 노숙인들은 '질병이나 장애' '가정폭력' 같은 이유로 길 위에서 생활하는 사람들의 비율이 남성보다 월등하게 높다. 길거리로 쫓기듯 나오게 된 이들이 많은 것이다. 그런데 무방비 상태의 그들에겐 길거리의 삶 또한 두렵기는 매한가지다. 성범죄를 포함한 각종 범죄의 표적이 되기 쉽기 때문이다. 하여 그들은 노숙인들이 주로 노숙을 하는 장소에서 벗어나 자신을 숨길 수 있는 공간을 찾는다. 건물 내부, 화장실, 찜질방 같은 곳이 이들에게 임시 보호소가 되어 준다. 문제는 생존을 위해 몸을 의탁한 장소가 역설적으로 그들의 존재를 지워버리는 장소가 된다는 것이다. 보이지 않으니 통계에 집계되지 않고, 실제로 노숙인 지원도 남성 위주로 이뤄지는 실정이다.

노숙인들은 그 비용조차 감당할 수 없는 게 현실이다. 또 노숙인 지원 시설의 경우 취침 시간이 정해져 있고, 외출이나 외박이 제한된다. 모르는 사람들과 함께 방을 쓰며 단체생활을 해야 한다는 점도 감수해야 할 부분이다. 개인 공간이나 자율성이 주어지지 않는 이런 조건을 고려하여, 환경은 훨씬 열악하더라도 신문이나 텐트를 치고 거리에서 자는 사람들도 많다. 더 나은 환경을 포기하고서라도 최소한의 자유를 선택하는 것이다. 이는 경직된 기존 제도가 노숙인의 현실을 충분히 반영하지 못하고 있다는 신호다.

몇 해 전 캐나다에서 노숙인들에 대한 현금 지원 정책의 효과를 검증하는 이례적인 연구가 진행된 적이 있다. 캐나다 브리티시컬럼비아대학교UBC 연구팀이 한 자선단체와 함께 노숙인을 대상으로 진행한 이 연구는, 노숙인 50명에게 7500캐나다달러(한화로 약 800만 원)를 지급한 뒤 현금을 지급하지 않은 대조군 65명과 1년 뒤 삶의 지표를 비교하는 연구였다. 연구 초기, 노숙인에게 현금을 지급하는 이 실험에 많은 사람들이 조롱을 보냈다. 노숙인에게 현금을 지원하면 술, 담배, 마약 등으로 돈을 탕진할 거라 생각한 사람들이 많았기 때문이다.

그런데 세간의 우려와 달리, 돈을 지급받은 그룹이 그러한 유혹재temptation goods에 대한 지출을 오히려 더 적게 했으며, 식량 불안 상태에서도 더 빨리 벗어났다. 지원금을 받은 사람들은 대부분 주거비, 식비, 교통비 등 생활에 필수적인 데 돈을 사용했다. 또한 현금을 받은 그룹은 대조군에 비해 평균 99일이나 덜 노숙했고 저축이 늘었으며, 사회적 비용의 절감 효과까지 가져왔다.[08] 이 연구는 그동안 우리가 갖고 있던 편견의 무게를 절실히 깨닫게 해줌과 동시에, 노숙인을 우리의 이웃으로 바라보는 인식의 전환이 실효성 있는 정책 논의의 출발점임을 암시했다.

한편 핀란드와 미국의 일부 주에서는 '하우징 퍼스트Housing First' 정책을 시행하고 있다. 보통 노숙인 정책은 '계단형'으로 이뤄진다. 치료와 자활을 통해 사회복귀에 대한 의지를 증명하면 그때 집을 제공하는 것이다treatment first. 그런데 이 하우징 퍼스트 정책은 그 순서를 바꾸어 일단 집부터 제공한다. 결과는 놀랍다. 하우징 퍼스트의 참여자 80%가 1년 뒤에도 주거를 유지했다. 이는 치료와 자활을 먼저 진행한 뒤 주거지를 제공하는 기존 모델보다 50%p나 높은 놀라운 수치다.[09] 한 사람을 길 위에서 관리하는 것보다 집을 제공하는 것이 더 효과적일 수 있다는 것과 함께, 집이란 공간이 주는 치유의 힘이 증명된 실험이었다.

노숙인에 대한 인식을 전환하고 그들을 사회로 다시 불러들이려는 이러한 시도와 노력이 해외에만 있는 것은 아니다. 우리나라에서도 노숙인을 사회의 구성원으로 다시 세우려는 노력들이 이루어지고 있다. 한국철도공사 코레일은 자립 의지가 있는 노숙인을 선발해 일자리를 지원하는 '노숙인 일자리 제공 사업'을 진행 중이다. 선발된 이들은 6개월 동안 역 광장 환경 미화, 노숙인 계도 등의 업무를 맡으며, 하루 세 시간씩 월 60시간의 노동을 하고 소정의 급여를 받는다. 철도 역사는 오랫동안 노숙인들에게는 비바람을 피하는 쉼터였지만 동시에 인권침해와 배제의 시선이 끊이지 않던 공간이었다. 그런 장소가 일터로 바뀐 것은 우리 사회에 있어 참으로 중요한 변화다. 코레일은 이 사업을 통해 노숙인을 '외면당한 존재'에서 '도시의 공공공간을 함께 돌보는 주체'로 전환했다. 참여자의 수가 아직 많지 않지만, 이 시도가 가진 의미는 크다. 훼손된 한 인간의 존엄은 사회 속에서 역할을 부여받았을 때 회복될 수 있기 때문이다.

동자동 쪽방촌에서 사는 분의 인터뷰를 본 적이 있다. 그의 소망은 좀 더 넓은 방에서 생활하는 것이었다. 가끔 부모님이나 친구들을 불러 밥 한 끼를 나누고 싶어서다. 그의 바람을 통해 집의 진짜 의미를 생각해 볼 수 있었다. 우리가 꿈꾸는 집은 '관계'가 있는 집이다. 그러면서 몸과 마음을 온전하게 쉬게 해주는 안전하고 견고한 집. 오늘 거리에서 잘 수밖에 없는 이들이 다시 사회로 돌아올 수 있도록 돕는 실질적인 정책이 하루빨리 만들어지길 간절히 기다려본다.

‘집’이라는 특권

공공임대주택을 논해야 하는 이유

옷과 음식, 집을 통틀어 이르는 말인 ‘의식주’는 인간의 삶에 필수적인 세 가지 요소로 꼽힌다. 이 중 ‘의’와 ‘식’은 대체로 개인의 영역에서 해결할 수 있지만 ‘주’는 그 성격이 다르다. 안정적인 주거를 마련하려면 막대한 경제적 기반이 필요하기 때문이다. 게다가 불안정한 거주 상태는 개인의 위생과 건강은 물론 사회적 고립, 저출생, 가족 해체, 양극화 등 다양한 사회문제와도 직결된다. 이러한 이유로 주거 문제에 있어서는 개인의 책임으로만 돌리지 않고 국가가 적극적으로 나서서 개입하고 있다.

국제사회가 주거를 인간의 기본적 권리로 보고 본격적으로 논의하기 시작한 것은 1948년 UN이 「세계인권선언」을 채택하면서부터다. 「세계인권선언」 제25조 제1항은 모든 사람이 “식량, 의복, 주택, 의료, 필수적인 사회복지를 포함하여 자신과 가족의 건강과 안녕에 적합한 생활수준을 누릴 권리”를 가진다고 규정하며 주거권을 인간이 누려야 할 기본적인 권리로 보았다. 이어 UN은 1966년 총회에서 채택된 다자간 조약 「경제적·사회적 및 문화적 권리에 관한 국제 규약」을 통해 적절한 주거를 보장하는 것이 국가의 중요한 의무임을 다시 한번 강조했다.

국제적으로 주거가 인간의 존엄을 유지하기 위한 권리로 인정되기 시작하면서 국가가 이를 책임지고 보장해야 한다는 요구도 점차 커졌다. 이러한 흐름 속에서 등장한 정책적 수단이 바로 공공임대주택이다. 공공임대주택은 시장에서 스스로 최소한의 거처를 마련하거나 유지하기 어려운 이들을 지원하기 위해 마련된 것으로, 거의 모든 선진국에서 정부나 공공부문이 주택을 공급하는 형태로 운영되고 있다. 국가마다 '사회주택' 혹은 '공공임대주택' 등 용어와 정의에는 차이가 있지만, 공적 주체가 공적 자금을 활용해 시장보다 저렴하게 안정적인 주거를 제공한다는 점에서 그 본질적인 취지는 같다.[10]

서유럽 국가들은 제2차 세계대전 이후 일찍부터 공공임대주택을 공급해 온 반면[11], 우리나라는 1960년대에 이르러 제도적 뼈대를 마련하기 시작했다. 1962년에는 오늘날 LH의 전신인 대한주택공사를 설립했고, 이듬해 「공영주택법」 제정을 통해 지자체와 주택공사가 무주택자에게 저렴한 공영주택을 공급하도록 법적 근거를 마련했다. 이후 1971년 대한주택공사가 서울 개봉 지구에 13평 규모의 임대주택 300호를 건설했으나, 임대 기간 1년 후 분양으로 전환되는 구조였기에 공공임대주택으로 보기에는 무리가 있었다.[12] 이러한 이유로 우리나라에서 공공임대주택이 본격적으로 추진되기 시작한 시점을 노태우 정부 시기로 보는 견해가 많다.

서울 올림픽이 개최되었던 1988년, 우리 경제가 급격히 성장함에 따라 주택 가격과 전세 가격이 폭등하자 부동산 문제가 본격적으로 대두되었다. 특히 주거 사정이 열악한 계층의 주거불안이 심각한 사회문제로 떠올랐고, 정부는 1988년부터 1992년까지 200만 호의 주택을 건설할 계획을 마련했다. 이 계획은 소득 1분위 계층에는 영구임대주택을, 1~2분위에는 50년 임대주택을, 3~5분위에는 5년 임대주택을 제공하고, 2~4분위에 속하는 노동자에게 사원 임대주택을 제공하겠다는 내용을 담고 있었다.[13] 이 정책은 우리나라 공공임대주택 정책의 실질적 출발점이 되었으며 주택가격 안정의 기반을 마련했다는 점에서 중요한 의미를 지닌다. 이후로도 우리나라는 들어서는 정부마다 기조를 조금씩 달리하면서 국민의 주거 안정을 위한 다양한 정책과 수단을 도입해 왔다.

오늘날 공공임대주택은 영구임대주택, 국민임대주택, 행복주택 등 여러 종류로 나뉘어 다양한 계층의 사회적 안전망이 되어주고 있다. 그런데 언제부터인가 공공임대주택이라는 이름 앞에 '하자'라는 불편한 수식어가 붙기 시작했다. 최근 몇 년간 공공임대주택의 하자와 품질 저하가 심각한 사회문제로 떠오른 것이다.

보도에 따르면 LH 공공주택의 하자 건수가 연간 50만 건에 육박하는데, 가구당 일반 하자 발생 평균 건수가 2021년 5.75건에서 2024년 9.56건으로 3년 새 1.6배 증가했다.[14] 게다가 평균적으로 하자 처리에 걸리는 기간이 두 배 가까이 늘었고, 최근 5년간 하자 소송 판결만 122건에 이르렀다고 한다.[15] 입주민들의 생활 불편이 갈수록 커지는 상황이라는 것을 쉽게 알 수 있는 수치다. 그런데 이러한 문제는 거주자의 불편에 그치는 게 아니라 공공임대주택에 대한 낙인과 잘못된 고정관념으로 이어질 수 있다는 점에서 큰 우려를 낳는다.

나는 그동안 공공임대주택의 취약한 주거 환경 속에서 심리적으로 위축된 사람들을 종종 만나왔다. 영구임대주택에 살고 있는 주현 씨는 자신의 집을 '슬럼가'라고 표현했다. 밤마다 들리는 주민 간의 다툼 소리, 비상계단에 방치된 오물, 어지럽게 쌓인 재활용 쓰레기들 때문에 하루빨리 이사하고 싶다고 했다. 공공임대주택을 떠나 새 아파트로 이사한 호윤 씨는, 새집은 외풍이 없어 따뜻하고 놀이터 등 주변 환경도 잘 갖춰져 있어 아이를 키우기 좋다면서 "다시는 공공임대주택으로 돌아가고 싶지 않다"라고 말하기도 했다. 주거 안정을 위해 마련된 집이 불안을 키우고 더 나은 곳으로 떠나야 한다는 열망을 부추기고 있다는 사실이 안타깝기만 하다.

이처럼 우리의 주거복지 사업에는 아쉬운 점이 있다. '살고 싶은 집'에 대한 질문이 빠져 있다는 것이다. 오늘날 많은 이들이 꿈꾸는 집은 단지 비바람을 피하는 곳이 아니라 깨끗하고 아늑한 공간, 가족의 개성과 정체성이 담긴 공간일 것이다. 그런데 그동안 우리나라의 공공임대주택 공급 정책은 공급 물량을 늘리는 것에 초점이 맞춰져 있었고 그로 인해 빨리, 촘촘하게 지어졌다. '어떤 집을 지을 것인가'에 대한 고민보다 '몇 채를 더 지을 것인가'가 목표가 되어버리니 주거 환경은 좀처럼 나아지지 않았다.

우리나라 공공임대주택이 안고 있는 커다란 문제가 또 하나 있으니, 그것은 다름 아닌 차별적 시선이다. 우리나라 공공임대주택들은 보통 분양아파트와 물리적으로 분리되는데, 이로 인해 동네, 단지, 동 자체가 거주자의 신분을 나타내게 되었다. 아무래도 많은 사람들이 이런 구분에 민감하다 보니 아이들 사이에까지 이런 인식이 퍼져 임대아파트에 사는 아이를 상대로 가난하다고 놀리는 현상까지 발생하고 있는 실정이다. 공공임대주택과 분양아파트 간 교육 및 상업 시설, 교통을 비롯한 사회기반시설의 질적인 차이도 있는 마당에 이러한 차별적 인식까지 강화되니 공공임대주택이 특정 계층을 사회로부터 분리하는 장치처럼 작동하고 있는 것이다. 이것이 바로 우리가 지금 공공임대주택을 다시 논해야 하는 이유다.

우리나라와 달리 공공임대주택에 대한 편견과 갈등을 깨뜨려버린 사례가 있다. 프랑스의 '사회주택logement social'이 대표적이다. 많은 시민이 거주하고 싶어 하는 프랑스 사회주택의 핵심에는 다양한 계층이 함께 어울려 사는 '소셜 믹스social mix'* 원칙이 있다. 프랑스 국민의 약 70%가 사회주택에 입주할 자격을 갖는데, 이는 사회주택이 저소득층만의 복지가 아니라 시민 대다수를 포괄하는 보

---

* 다양한 소득계층의 사람들이 한 지역이나 한 주거 단지에 함께 거주하도록 유도하는 주거정책이나 그러한 개념을 말한다.

편적인 제도임을 보여준다. 사회주택 거주자들은 소득 수준에 따라 저소득, 중간 소득, 고소득 유형으로 나뉘며, 소득 유형이 달라도 동일한 조건의 집에서 살 수 있다. 동일한 공간을 사용하되 임대료만 차등 부과하는 방식으로 안정적인 소셜 믹스를 구현한 것이다.[16] 이처럼 프랑스는 도시의 핵심 지역에 질 높고 합리적인 가격의 사회주택을 공급함으로써 사회주택을 시민이 선호하는 주거 대안으로 만들었다. 프랑스의 사회주택은 '누구나 살고 싶은 임대주택을 어디에나 짓는 것'이야말로 소셜 믹스의 핵심임을 분명하게 보여주었다.

오스트리아의 사례도 있다. 수년간 세계에서 가장 살기 좋은 도시로 꼽혀온 오스트리아의 수도 빈은 전체 주택의 약 75%가 임대주택이며, 일정 소득 기준만 충족하면 누구나 신청할 수 있다. 한번 입주하면 살던 가격 그대로 평생 거주할 수 있다는 점이 큰 특징이다. 빈의 주거 단지 또한 소셜 믹스로 설계되어 임대주택과 분양주택이 한데 어우러져 있어, 주민들은 누가 임대주택 거주자인지, 소득 수준이 어떻게 되는지 등을 알 수 없다.[17] 이 역시 임대주택에 대한 차별과 편견을 자연스럽게 지우는 구조다.

어떤 이들은 주거 지원 정책을 두고 포퓰리즘이라고 비난한다. 국가가 나서서 지원하는 탓에 사람들이 노력할 생각도 않고 현실에 안주하게 된다는 이유에서다. 유리병에 갇힌 벼룩이 더는 높이 뛰지 않듯 복지가 성장의 발목을 잡을 수 있다는 우려도 내비친다. 그런데 이런 시선에는 경제적 형편이 어려운 사람은 이른바 '그런

집'에 살아도 된다는 전제가 깔려 있다. 그런 비난은 안전하고 안정적인 집에서 지내는 것을 특정 계층의 특권으로 만들겠다는 말과 얼마나 다른가?

게다가 꼭 모든 사람이 더 높은 곳으로 도약하는 것을 삶의 목표로 삼아야 하는 것도 아니다. 임대주택에 살며 더 나은 집으로 옮겨갈 꿈을 꾸는 사람이 있는가 하면, 그저 안정된 보금자리에서 사는 것 자체를 행복으로 여기는 사람도 있다. 복지국가는 모든 국민에게 더 높이 뛰라고 강요하지 않는다. 높이 뛰려는 사람에게는 튼튼한 디딤돌을 놓아주고, 지금의 자리에서 행복하고자 하는 사람에게는 안락한 쉼터를 제공하는 것이 진정한 복지가 아니겠는가.

4인 가족 아파트 공화국

주거의 재구성

오랜만에 만난 친구는 이사 문제로 고민이 깊어 보였다. 아이들이 자라며 더 넓은 집이 필요해졌는데, 지금의 동네가 너무 좋아 떠나기 싫다는 것이었다. 친구네 부부는 시장도 가깝고 이웃 관계도 좋고, 무엇보다 아이들이 태어난 순간부터 함께해 온 지금의 집을 사랑했다. 하지만 아이들에게 각자만의 공간이 필요해지고 살림이 늘면서 수납공간도 턱없이 부족해지자 조간간 결정을 내려야 하는 상황이었다.

한 선배는 다른 이유로 이사를 고민 중이었다. 자녀들은 장성하여 이미 독립했고 남편과는 사별하여 혼자 지내던 그에게 큰 집이 더 이상 필요하지 않았기 때문이다. 안 그래도 집이 넓어 관리하기 힘든데 관리비까지 많이 나왔다. 그럼에도 오랫동안 정든 동네를 떠나는 일은 쉽지 않았다. 그래서 지금은 불편함을 감수하며 살고 있지만, 머지않아 작은 집으로 옮겨야 할 것 같다그 말했다.

이처럼 결혼과 출산, 자녀의 성장, 학업·취업 등으로 인한 가족 구성원의 변화는 이사를 고민하게 만든다. 선배의 사례처럼 1인 가구에 큰 아파트는 공간 활용이나 비용 면에서 비효율적이다. 하지만 1인 가구를 위한 소형 주택은 충분하게 공급되지 않고, 우리 사회에 보편화된 아파트라는 주거 형태는 대체로 면적과 구조가 비슷해서 선택의 폭이 지나치게 좁은 실정이다.

우리나라는 '아파트 공화국'이라 불릴 만큼 많은 사람이 이런 아파트에서 생활한다. 통계청의 2024년 인구 주택 총조사에 따르면 전체 가구의 53.9%가 아파트에 거주하고 있는데,[18] 아파트 선호도가 꾸준히 상승하는 추세라 그 비율은 더욱 커질 것으로 예상된다. 이처럼 우리나라에 대규모 아파트 단지가 많이 자리 잡게 된 이유를 흔히 인구밀도에서 찾곤 하는데, 이는 충분한 설명이 되지 않는다. 서울보다 인구밀도가 더 높은 해외 도시들에서도 다양한 주거 형태가 공존한다는 점을 보면, 인구밀도만으로 아파트 중심의 주거 구조를 설명하기는 어렵다. 실제로 서울 인구가 600만 명을 넘었던 1970년대 초 우리나라 주거 유형의 95%는 단독주택이었고, 1975년까지도 국민 대부분이 아파트보다 단독주택을 더 선호했다.[19] 우리나라가 이렇게 아파트를 선호하게 된 것이 그리 오래된 일이 아니라는 이야기다.

우리나라에 이처럼 많은 아파트가 세워지기 시작한 것은 산업화와 도시화가 본격화되면서부터다. 일자리를 찾아 수많은 인구가 도시로 몰려들었고, 정부는 주택 부족 문제를 해결하기 위해 노력했다. 먼저 1963년 「공영주택법」을 제정하면서 국가와 공공기관이 공영주택을 건설하고 공급하는 데 필요한 법적 근거를 마련했다. 이때부터 비로소 '정부가 공급하는 집'이라는 개념이 자리 잡기 시작한 것이다. 그렇게 박정희 정권의 "잘살아 보세"라는 구호와 함께 아파트는 중산층의 상징이자 더 나은 삶의 이미지로 소비되었고, 아파트에 대한 일종의 신화가 만들어졌다.

이후 「공영주택법」은 1972년 「주택건설촉진법」으로 이어졌는데, 이 법은 민간아파트에도 공공자금을 지원할 수 있도록 해 아파트 건설을 민간 영역에까지 확대시켰다. 이후 타 법에 아파트 지구로 지정되면 다른 유형의 주택을 지을 수 없도록 규제하는 조항까지 더해지며 아파트의 대량생산은 한층 더 가속화되었다. 이어 1980년 전두환 정권은 주택 500만 호 건설을 내세우며 「택지개발촉진법」을 제정했다. 이 법을 통해 공공부문이 택지의 취득부터 개발, 공급, 관리에 이르기까지 전 과정을 주도하는 국가 주도의 대규모 택지 개발이 본격화되었다.[20] 이러한 정책과 제도 변화 속에서 우리의 주거 구조가 아파트 중심으로 재편된 것이다.

이처럼 주택의 양적 공급에 집중했던 아파트 전성시대를 지나면서 아파트는 생활의 기반이기보다 재산의 기준으로 인식되기 시작했고, 집을 사람의 삶에 맞추는 것이 아니라 규격화된 집에 사람이 맞춰 사는 문화가 당연하다는 듯 자리 잡았다. 곰곰이 생각해보면 우리는 획일적인 삶을 너무나 당연하게 여기며 살아가고 있다. 아파트는 윗집, 아랫집, 옆집까지 형태가 거의 동일한데 침대나 식탁 등 가구 위치까지 비슷하게 배치된다. 아파트가 다양한 형태로 살아가는 사람들에게 똑같은 공간에 맞춰 살아가도록 요구하는 셈이 아닌가. 알게 모르게 우리는 똑같은 모습으로 잠들고 똑같은 모습으로 밥을 먹으며 똑같은 형태로 살아가길 강요받고 있는지도 모른다.

2003년, 「주택건설촉진법」은 전문 개정을 거쳐 「주택법」으로 이름이 바뀌었다. 기존 법이 주택을 빠르게 건설하고 원활하게 공급해 국민의 주거 안정을 이루는 데 초점을 맞추었다면, 새롭게 만들어진 「주택법」은 변화한 사회·경제적 환경에 맞춰 주거복지, 주택 관리 등 삶의 질과 관련된 요소들을 보강하고 기존 제도의 미비점을 개선하려는 취지를 담고 있었다. 그러나 「주택법」이 정한 국민주택의 규모는 85㎡ 이하(읍·면 지역은 100㎡)로, 1972년 「주택건설촉진법」에서 정한 기준과 다르지 않았다. 당시 사회가 이상적으로 상정한 가족 형태가 자녀를 두셋 둔 4~5인 가구였던 만큼, 주택 설계 역시 그러한 가구에 맞춰져 있던 것이다. 이렇게 부부 침실하나에 자녀들이 각자 사용할 방, 혹은 부부 침실과 자녀의 방, 서재를 갖춘 형태가 표준으로 자리 잡았다. 당시 정부에서 1인당 적정 주거 면적을 약 5평으로 계산해 국민주택의 면적을 산정했다는 설이 유력하다. 이렇게 만들어진 85㎡라는 기준은 시간이 흘러도 크게 변하지 않고 오늘날까지 청약, 주택담보대출 등 여러 주택 정책의 기준으로 남아 있다.

하지만 오늘날 우리의 삶은 공격적으로 아파트를 찍어내던

1970년대와는 판이하게 달라졌다. "둘만 낳아 잘 기르자"라며 4인 가족을 가족의 전형으로 삼던 시대를 지나, 이제는 열 명 중 무려 세 명이 혼자 사는 시대에 접어든 것이다. 국가데이터처가 발표한 「2025년 통계로 보는 1인 가구」에 따르면, 2024년 기준 국내 1인 가구는 약 804만 가구로 전체의 36.1%에 달한다. 이미 1인 가구는 가구 수만 놓고 보면 4인 이상 가구(약 357만 가구)보다 두 배 이상 같은, 우리 사회에서 가장 큰 비중을 차지하고 있는 가구 유형이다.[21] 또한 통계청이 발표한 「장래가구추계(시도편): 2020~2050년」에 따르면 1인 가구 비중이 앞으로도 늘어나 2050년에는 39.6%(약 905만 가구)에 이를 것으로 전망된다.[22]

오늘날 젊은 세대는 더 이상 결혼을 필수로 여기지 않으며, 결혼을 하더라도 자녀를 갖지 않는 딩크족이 증가하고 있다. 직장이나 학업을 위해 고향을 떠나 도시에서 홀로 지내는 청년들도 많다. 평균 수명이 길어지고 고령화가 진행되면서 혼자 사는 노인 가구 역시 빠르게 늘고 있다. 반려동물을 가족처럼 여기며 함께 사는 이들도 셀 수 없이 많아졌다. 문제는 가구의 형태가 이렇게 다양해졌는데 '4인 가족을 위한 방 3개짜리 아파트'라는 공식이 여전히 주거의 기본 틀로 남아 있다는 것이다. 이제는 주택의 형태를 다양화하는 새로운 시도가 필요하다. 시공의 편의나 효율성을 이유로 동일한 구조의 집을 반복적으로 지을 것이 아니라, 다양한 생활 방식과 필요를 반영한 공간을 조성하여 선택지를 폭넓게 만들어야 한다.

기술적으로는 이미 충분히 가능하다. 그 해법 중 하나가 바로 가변형 평면 구조다. 가변형 구조를 도입하면 가족 구성원이 바뀌거나 생활 방식이 변할 때마다 그에 맞춰 공간을 유연하게 바꿀 수 있다. 예를 들어, 아이들이 어릴 때는 벽을 터서 넓은 놀이방으로 쓰다가 아이들이 자라면 각각 독립된 방으로 나눌 수 있다. 재택근무가 필요해지면 집의 일부를 업무 공간으로 전환할 수도 있고, 남는 공간을 임대하는 것도 가능하다. 집이라는 공간을 사용자의 삶에 맞춰 변화하는 유기체로 설계하는 건축적 해법이다. 다만 이를 실현하기 위해서는 건축 기준과 세무 제도 역시 보다 유연하게 변화해야 한다.

'코하우징co-housing'을 확대하는 방안도 있다. 코하우징은 각자의 개인 공간을 유지하면서도 거실, 주방, 작업실 등 일부 공간을 이웃과 공유하는 협동 주거 방식을 말한다. 덴마크의 세대 통합 주택 '덴 뢰데 트로Den Røde Tråd'가 대표적인데, 이미 일본이나 유럽에서는 코하우징이 하나의 주거 형태로 자리 잡은 상황이다. 1인 가구가 계속 늘어나는 오늘날, 코하우징은 사생활을 보호하면서도 고립감과 외로움을 완화하고 나아가 사회적 돌봄 기능까지 수행할 수 있는 대안이 될 수 있다.

법과 제도가 유연하게 개선되어 우리 사회에도 이처럼 다양한 형태의 주택이 공급되기를 바라고 기대한다. 저마다의 삶을 포용할 수 있고 개인과 사회를 연결해 줄 수 있는, 그런 집 말이다.

시설이라는 이름의 집

대규모 시설을 넘어 가정형 보호로

부모들은 자녀의 온전한 성장을 바라며 금이야 옥이야 지극한 사랑으로 아이를 키운다. 세상의 모든 아이들이 이러한 부모의 따듯한 품에서 자라면 좋겠지만, 안타깝게도 현실은 그렇지 않다. 부모의 질병이나 사망, 이혼, 방임, 가정폭력 등 여러 이유로 가정에서 적절한 보호를 받지 못하는 아이들은 시설로 향하게 된다. 「아동복지법」 제52조에 따라 보호대상아동을 입소시켜 보호 및 양육, 취업 훈련과 자립 지원 서비스 등을 제공하는 시설을 우리는 '아동양육시설'이라 부른다.

과거 국제 아동 권리 비정부기구NGO 세이브더칠드런Save the Children의 아동양육시설 개선 프로젝트에 참여한 적이 있다. 아이들이 직접 공간 디자인에 참여하는 '참여 설계' 프로그램이었던 터라 아이들의 삶과 생각을 가까이에서 들여다볼 수 있었다. 그곳에서 만난 아이들은 놀라울 만큼 공동체 중심이었다. '우리' 물건, '우리' 공간. 언제나 '함께'라는 인식이 매우 강했다. 여러 명이 함께 생활해서인지 표현력도 좋았고, 체계적으로 사고하며 배려심 또한 깊어 보였다. 자신의 소리를 낮추는 데에도 익숙해 보였다.

하지만 나는 그 원숙함 뒤에 채워지지 않은 갈증이 있음을 곧바로 느꼈다. 바로 '자기만의 방'에 대한 욕구였다. 여러 사람과 공동으로 생활하는 아이들이 자기만의 공간을 갖고 싶어 하는 것은 너무도 자연스러운 일이다. 그래서인지 참여 설계 과정에서 아이들은 누구에게도 방해받지 않는 작고 독립적인 공간을 직접 만들어냈다. 다행히 오늘날엔 소규모 그룹홈 형태의 시설이 늘어나고 있어 대규모 시설 위주였던 과거에 비하면 크게 개선된 것이 분명하지만, 대부분의 또래 아이들이 누리는 환경과 비교하면 여전히 부족한 부분이 많다.

문제는 공간의 부족에만 머물지 않았다. 아동양육시설에서의 강제 노역, 구타와 가혹 행위, 성폭력 등 각종 학대 사건이 잊을 만하면 뉴스를 통해 보도된다. 몇 해 전 서울 은평구의 대규모 아동양육시설에서 불거진 아동학대 의혹이 그 단적인 예다. 그 시설에서 자란 한 퇴소자는 기자회견을 열어 초등학교 시절부터 보육교사들에게 지속적인 학대를 당했다고 고백했다. 그는 시설 아이들에겐 그곳이 곧 집이기 때문에 학대를 당해도 "여기(시설)를 배신하고 소속감을 버리기 어렵다"라고 말했는데,[23] 그 말이 내 마음속에 오래도록 남았다.

비슷한 시기, 부산의 또 다른 시설에서도 익명의 제보가 있었다.

제보자는 초등학교 3학년 무렵부터 이유도 모른 채 심한 학대를 당했다고 밝혔다. 발바닥에 피가 맺혀 걸을 수 없을 만큼 맞았고, 머리채를 잡고 돌리거나 샤워 시간에 대야로 온몸을 때리는 일이 반복되었다고 했다.[24] 어린 나이에 생존을 위해 시설에 몸을 의탁한 대가로, 이들은 인간으로서의 존엄을 포기해야 했다.

아이들의 자립을 돕는 제도가 오히려 그들을 옥죄는 족쇄가 되는 경우도 있다. 아동복지시설이나 위탁가정에서 보호기간이 끝난 아이들은 자립 정착금, 자립 수당 등 여러 지원제도의 대상이 되지만, 이 혜택을 받기 위해서는 '만기 퇴소'와 같은 특정 조건을 충족해야 한다. 이 때문에 이 제도는 아이들에게 불합리한 통제나 규율, 심지어 폭력까지 억지로 견디게 만드는 압력이 되기도 한다. 이런 환경에 있다 보니 자연스레 많은 아이들이 자율성을 경험해 보지 못한 채 규칙과 통제 아래에서 수동적으로 자란다. 그런 환경을 조성해 놓고 퇴소하는 날부터 갑자기 모든 것을 스스로 해결하는 자립 청년이 되라고 하다니, 어불성설이다.

18년간 보육원에서 생활한 도현 씨의 사례는 이러한 현실을 여실히 보여준다. 그는 퇴소를 앞두고 급하게 진행되는 자립 교육 프로그램에 참여했다. 그런데 성장영화를 보고 감상문을 작성하는 것과 같은 매우 형식적인 프로그램이었고, 사회에 나왔을 때 그다지 도움이 되지 않았다고 한다. 도현 씨는 퇴소한 후에야 자신이 "공과금도 낼 줄 모르고, 주민센터에도 갈 줄 모르고, 스스로 미래를 계획할 줄도 모르는 사람"이라는 것을 알게 되었다고 고백했다.

한편 청소년쉼터에서 지내다 자립 지원 시설을 통해 임대주택에 들어간 된 명석 씨는 이웃들에게 '창고에 사는 애'로 불렸다고 한다. 가구 살 돈도 없었던 데다 뭘 준비해야 할지도 몰라 텅 빈 집에서 살았기 때문이다.[25] 이들의 이야기는 시설을 떠난 순간 갑자기 큰 생존 과제를 떠안게 되는 아이들의 현실을 그대로 드러낸다.

이처럼 이른 시기에 보호기간이 끝나게 되어 어려움을 겪는 보호종료아동들의 어려움을 해소하기 위해 2021년 말 「아동복지법」이 개정되었다. 보호대상아동의 의사에 따라 사유에 관계없이 보호기간을 25세까지 연장할 수 있도록 한 것이다. 의미 있는 진전이지만 이것만으로 충분하다고 보기는 어렵다. 근본적인 문제는 아이들이 어떤 환경에서, 어떤 경험을 하며 성장해야 하는가에 달려 있다. 긍정적인 관계와 안정적인 돌봄을 제공하지 못하는 시설 환경은 오히려 아이들을 미성숙하거나 불안정한 존재로 머물게 할 위험이 있다.

보호대상아동 대부분이 한창 양육자와 소통하며 자아를 형성해야 하는 시기에 시설로 들어온다. 그런데 시설에서는 그러한 상호작용이 절대적으로 부족하다. 특히 대규모 시설의 경우 소수의 인력이 다수의 아동을 돌봐야 하기 때문에 '양육'보다는 '관리' 중심의 운영을 할 수밖에 없는 구조적 한계를 갖는다. 그 결과 아이들은 정해진 시간표에 따라 밥을 먹고 잠을 자며, 단체 프로그램을 수행하는 방식으로 생활하게 된다. 당연히 이러한 환경에서는 아이들 저마다의 고유한 성향과 욕구가 충분히 받아들여지지 않는다. 정말 단순히 먹이고 재우고 교육 프로그램을 제공했다는 것만으로 국가가 보호아동에 대한 책임을 다했다고 말할 수 있을까?

이 질문에 대해 국제사회는 오래전부터 '탈시설'이라는 대안을 제시해 왔다. 이는 대규모 시설 중심의 보호를 벗어나, 지역사회 안에서 가정과 유사한 형태의 '가정형 보호'로 전환하자는 움직임이다. 유럽과 미국, 오스트레일리아 등 여러 국가에서는 이미 아동보호시설 제도를 폐지하거나 최소화하고 가정위탁, 입양, 청소년 주거지원 등의 방식으로 방향을 전환했다. 일본 역시 2029년까지 사회적 보호가 필요한 유아의 75%, 학령기아동의 50%를 지역 내 위탁가정에서 보호하겠다는 목표를 세우고 예산을 집중적으로 투입하고 있다.[26] 게다가 우리나라보다 경제 수준이 낮은 국가들도 대규모 아동 시설을 폐쇄하거나 축소하고 있는 추세다.

그렇다면 우리나라의 상황은 어떨까. 일단 시설보호아동의 비율부터 살펴보면, 유니세프가 2010년부터 2022년까지 전 세계 131개국의 시설보호아동 수를 조사한 결과 전 세계적으로 아동 10만 명당 105명이 시설에서 보호를 받고 있었다. 그런데 우리나라의 시설보호아동 비율은 아동 10만 명당 188명으로 전 세계 평균을 훨씬 상회했다. 이는 북미(77명)의 2.5배에 달하는 수준이며, 동아시아·태평양 지역 평균(131명)보다도 높은 수치다.[27]

그나마 다행스러운 점은 우리나라도 보호가 필요한 아동을 가급적 가정과 유사한 환경에서 양육하기 위해, 대규모 시설 대신 소규모 시설이나 가정형 보호로 전환하려는 움직임을 보이고 있다는 것이다. ‘그룹홈’이라 불리는 ‘공동생활가정’이 대표적이다. 공동생활가정은 보호대상아동에게 가정과 같은 주거 여건과 보호, 양육, 자립 지원 서비스를 제공하는 것을 목적으로 하는 시설로, 외부에 간판도 내걸지 않는다. 전용면적 82.5㎡ 이상의 주택형 숙사에 거실과 주방 그리고 두세 명이 함께 쓰는 여러 개의 방과 욕실로 구성되고, 이모 혹은 고모라 불리는 생활지도원이 함께 상주하며 아이들을 돌본다. 생활지도원은 아이들에게 부모의 역할을 대신해 준다. 아침에 아이를 깨워서 밥을 먹이고 씻기고 입혀 학교에 보낸다. 계절이 바뀌면 몸에 맞는 옷과 신발을 사고, 아이가 잘못하면 훈육도 한다. 아이가 아프면 밤새 곁을 지키고 병원을 함께 오가는 것도 생활지도원의 일이다. 이처럼 보호아동에게 최대한 실제 가정에 가까운 주거 환경을 제공하는 공동생활가정이 일반 아동복지시설과 구별되는 가장 큰 특징은 5~7명 소수의 보호아동이 함께 지낸다는 점이다.

이와 같은 공동생활가정이 대규모 시설의 대안으로 제시되고 있긴 하지만 이를 지탱하는 제도적 기반은 여전히 취약하다. 전용면적 82.5㎡ 이상의 단독 또는 공동주택에서 5~7명의 아동이 생활하는 것이 원칙인데, 정작 정부는 주택 임대보증금은 물론 주거비를 지원하지 않는다. 결국 시설장이 손수 보증금을 마련하고 적정면적의 집을 일일이 찾아야 하는데, 이 과정부터 상당한 경제적 부담을 지게 된다. 어렵사리 집을 구한 뒤에도 문제는 계속된다. 정부가 매달 지급하는 운영비는 집의 크기나 아동 수와 무관하게 모두

동일하다. 일부 지자체에서 냉·난방비나 보험료 등을 추가로 지원하기도 하지만 지역별 편차가 크고, 기본 지원이 턱없이 부족하기는 마찬가지다.[28] 공동생활가정이 안정적으로 운영되기 위해서는 제도 개선이 절실한 상황이다.

공동생활가정과 함께 대규모 시설의 대안으로 꼽히는 것은 가정위탁이다. 가정위탁은 보호대상아동을 일정 기간 적합한 가정에 위탁해 양육하는 제도로, 「아동복지법」에서 정한 기준에 따라 이루어진다. 보건복지부의 「2024년 보호대상아동 현황 보고」에 따르면, 2024년 보호조치가 이루어진 1583명 중 양육시설(474명), 공동생활가정(225명), 보호 치료 시설(15명) 등 시설에 입소한 아동은 753명이었고, 가정위탁(707명), 입양 대상 가정 보호(123명)로 조치된 아동은 830명이었다. 이는 우리나라의 아동보호 정책이 과거 시설 중심 체계에서 벗어나 점차 가정 중심으로 이동하고 있음을 보여주는 변화이기도 하다.

하지만 가정위탁 제도 역시 여러 한계와 현실적 어려움에 부딪히고 있다. 입양 가정과 달리 위탁가정은 법적으로 친자 관계가 아니기 때문에 단순 동거인으로만 인정되며, 이에 따라 법적 권한도 거의 없는 것이 현실이다. 초등학생 유나는 중증 지적장애와 희귀 질환을 앓고 있다. 유나의 위탁부모는 유나를 가족의 큰 기쁨으로 여기며 사랑으로 키우고 있다. 하지만 법적으로 가족이 아니라 동거인이기 때문에 다자녀 가구로 인정받지 못하고, 자녀 돌봄을 위한 휴가나 노동시간 단축 제도 같은 보호자 지원 제도도 이용할

수 없었다.[29]

　부산에서 가정위탁을 하고 있다는 부부의 사정도 크게 다르지 않았다. 이들은 아이를 돌보는 자신들이 법적으로 아무 권한이 없어 행정 절차마다 어려움이 따른다고 말했다. 위탁부모는 아이 명의로 통장을 만들거나 여권을 발급하는 일, 심지어 휴대전화를 개통하는 일조차 가정위탁지원센터나 지자체를 통해 친부모의 허락을 얻어야 한다. 위탁부모가 법적으로 대리권을 행사하려면 후견인 지정을 받아야 하지만, 친부모가 동의하지 않거나 연락이 닿지 않는 경우가 많아 실제로 승인받기 어려운 것이 현실이다.[30]

　이렇듯 현재의 가정위탁은 최소한의 제도적 울타리도 없이 위탁부모의 선의와 희생에 의존하고 있다. 위탁부모에게도 친권에 준하는 법적 권한을 부여하고 그에 걸맞은 실질적인 지원을 제공해야 한다. 개인의 선의에만 의존하는 제도가 지속될 리 없으니 말이다. 개인의 선의를 사회가 함께 지키고 키워갈 때, 가정위탁은 비로소 시설 양육을 대신할 진정한 대안이 될 수 있을 것이다.

　지금까지 살펴본 여러 문제의 근원은 대규모 아동양육시설을 지향해 온 우리의 아동보호 체계에서 비롯되었다고 할 수 있다. 「아동복지법 시행령」에는 입소 아동이 30명 이상일 때만 간호사, 영양사, 생활복지사 등의 전문 인력을 둘 수 있다고 명시되어 있으며, 지자체 역시 이 기준을 적용해 인건비를 지원하고 있다. 이 조항이 불러오는 결과는 치명적이다. 아이들의 수가 30명에 달하지 않으면 꼭 필요한 전문 인력을 배치하기 어려워지기 때문이다. 지속적으로 소규모 시설이 늘어나고 있는 현실과도 맞지 않다. 아이들에게 더 가정적인 환경을 제공하기 위해 규모를 줄이고 싶어도 법령이 30명 이상을 유지하도록 압박하는 셈이다. 과거의 기준이 오늘의 발목을 잡고 있다.

"한 아이를 키우려면 온 마을이 필요하다"라는 말이 있다. 하지만 지금까지 우리는 그 무거운 짐을 시설과 소수의 헌신적인 종사자들 그리고 위탁가정 부모에게 떠넘겨 왔다. 그동안 그들의 헌신 덕분에 많은 아이들이 따뜻한 보금자리에서 성장할 수 있었지만, 이제는 그 짐을 우리 사회 전체가 기꺼이 나눠 져야 한다. 우리 사회가 아이들에게 집과 마을이 되어 주어야 할 때다.

소리를 품는 공간

아이들의 떠들 권리를 찾아서

누구에게나 마음속에 간직하고 있는 어린 시절의 풍경이 있을 것이다. 오십 대 초반인 나는 삼대가 함께 살던 시절을 기억한다. 여름이면 온 가족이 대청마루에 모여 더위를 식혔다. 지금은 부부와 자녀로 구성된 핵가족이 늘고 아파트 생활이 보편화 되었지만, 당시에는 마당이 있는 단독주택이 흔해서 아이들은 마당에서 흙과 풀을 만지며 신나게 놀곤 했다. 동네 아이들이 마당에 삼삼오오 모여 놀 때 울려 퍼지던 웃음소리는 우리 동네의 활력이었다. 아이에게 집이란 처음으로 자신만의 세계를 만들어가는 곳이지 않나. 나역시 그곳에서 몸과 마음을 키우며 유년 시절을 보냈다.

그런데 오늘날 우리 국민의 절반 이상이 아파트에 산다. 2023년 우리나라에서 건설 인허가를 받은 주택의 88%가 아파트였는데,[31] 새로 지어지는 집 열 채 중 아홉 채가 아파트라는 뜻이다. 이렇게 주거 형태가 급격히 변화하면서 생겨난 새로운 사회문제가 있으니, 다름 아닌 층간소음이다. 과거에는 동네의 활력을 상징하던 아이들의 뜀박질과 웃음소리가 이제는 불편과 갈등의 원인이 되고 있다. 아이가 많은 집은 이웃에게 부담으로 여겨지기도 하고, 부모들은 주위 눈치를 보며 아이들에게 조용히 하라는 말을 습관처럼 건넨다. 소리를 내지 않는 것이 예의가 된 시대, 아이들에게 마음껏 뛰고 소리 내어 웃을 권리가 있다는 사실을 망각해 버린 건 아닌지 돌아보게 된다.

어린이들은 웃고 떠들고 때로는 짜증을 내며 자신의 감정과 생각을 세상에 표현한다. 아이들에게 '소리'는 소음이 아니라 세상을 탐색하며 성장해 가는 방식이다. 신나게 뛰어노는 소리, 시끌벅적한 웃음, 심지어는 울고 보채는 소리까지 모두 자연스러운 성장 과정의 일부다. 그렇기에 아이들이 마음 놓고 소리를 낼 수 있는 환경을 마련하는 일은 곧 아이들의 전반적인 발달을 보장하는 일과 다르지 않다. 그런데 아이들의 '떠들 권리'만큼이나 이웃들의 '조용히 쉴 권리' 또한 중요하다. 서로의 삶이 촘촘히 맞닿아 있는 도시에서 누구의 권리도 해치지 않으면서 서로 공존할 수 있는 해결책을 찾는 일이, 그래서 어느 때보다 절실해지고 있다.

세 아이의 아빠인 의찬 씨는 결국 단독주택을 선택했다. 논밭에서 흙투성이가 되도록 자유롭게 뛰어놀던 자신의 어린 시절을 아이들에게도 경험하게 해주고 싶었기 때문이다. 하지만 아파트에서는 그 바람을 이루는 것이 쉽지 않았다. 깊은 고민 끝에 그는 단독주택을 지어 가족의 보금자리를 옮겼다. 의찬 씨는 많은 젊은 부모들이 아이들이 자유롭게 놀 수 있는 환경을 바라면서도 아이들의 소리와 행동을 통제할 수밖에 없는 현실을 안타까워했다. 그의 이야기를 들으며 스스로 해법을 찾은 것이 다행이라는 생각이 들었지만 동시에 마음 한편이 씁쓸했다. 모든 부모가 아이들을 위해 마당이 딸린 단독주택을 마련할 수 있는 것은 아니기 때문이다.

그렇다면 건축은 아이들의 떠들 권리를 지키기 위해 무엇을 할 수 있을까. 현재도 공동주택 건설 시 지켜야 하는 층간소음 방지를 위한 규정이 있으나, 보다 근본적인 설계 방식의 변화가 필요하다. 예컨대 슬래브의 두께를 더 강화하고, 벽식 구조 대신 기둥식 구조를 적용하면 소음 차단 효과가 훨씬 높아진다. 벽식 구조는 벽을 타고 진동과 소리가 쉽게 전달되는 반면, 기둥식 구조는 소음의 전달 경로가 분산되어 구조적으로 소음을 억제할 수 있기 때문이다. 바닥 완충재 또한 기술적으로 더 개선되어야 한다. 물론 이러한 설계 방식은 건축비 상승으로 이어질 수밖에 없다. 하지만 이 비용을 비효율적 지출로 볼 일은 아니다. 아이들이 보다 자유롭고 건강하게 성장할 수 있는 환경을 만들면서 층간소음으로 인한 불필요한 갈등을 줄인다면 장기적으로 보았을 때 그 혜택은 결국 우리 모두에게 돌아올 것이다.

거기에 더해, 아파트 단지 안에 아이들이 눈치 보지 않고 마음껏 에너지를 발산할 수 있는 공용공간도 더 많이 마련되어야 한다. 형식적인 놀이기구 몇 개를 설치한 놀이터가 아니라, 다양한 연령대의 아이들이 저마다의 방식대로 놀 수 있는 자연 친화적인 공간이 필요하다. 또한 날씨나 미세먼지 등 외부 환경이 좋지 않을 때에도 안전하게 활동할 수 있도록 단지 내 커뮤니티 공간에 북 카페, 작은 체육관, 다목적 강당 같은 실내 시설을 갖추어야 한다. 이러한 공용공간은 아이들의 놀이 활동을 보장하는 데 그치지 않고 이웃 간의 소통과 교류가 이루어지는 장이 되어 층간소음과 갈등을 완화하는 역할도 할 수 있다. 조금만 인식을 바꾸면, 이렇게 건축을 이용해 아이들의 건강한 성장을 돕고, 공동체의 건강한 관계를 만들어갈 수 있다.

단순히 층간소음이 줄어든 조용한 아파트를 만든다고 아이들의 떠들 권리가 보장된 도시가 만들어지는 것은 물론 아니다. 진정한 아동 친화 도시는 아이들이 마음껏 표현하고, 안전하게 놀며, 건강하게 자라날 수 있도록 돕는 곳이어야 한다. 아직 부족하긴 하나 우리 사회 곳곳에서 아동 친화적인 도시를 만들기 위한 노력이 이어지고 있다는 사실은 무척이나 다행스럽다. 유니세프UNICEF 한국위원회는 2013년부터 '어린이가 살기 좋은 도시'를 목표로 '아동 친화 도시 이니셔티브Child Friendly Cities Initiative, CFCI'를 추진해 오고 있다.

우리나라에서는 서울시 성북구를 포함해 92개 지자체가 아동 친화 도시 인증을 받았다.[32] 인증을 받기 위해서는 아동의 권리를 실질적으로 보장하기 위한 조례 제정, 전담 조직 구성 등 열 가지의 구성 요소를 갖춰야 하며, 이후에도 이행 여부를 점검해 재인증을 받아야 한다.[33] 이처럼 까다로운 절차를 거쳐 전국 91개 도시가 아동 친화 인증을 받았고, 대한민국 전체 어린이의 약 50%가 이 아동 친화 도시에서 살아가고 있다.[34] 그런데 정작 시민들이 이러한 사실을 알지 못하는 것을 보면, 실제 부모들이 크게 체감하지 못할 정도이거나 현실에선 어린이들이 권리를 제대로 보장받지 못하고 있는 게 아닌지 많은 생각을 하게 한다.

독일은 법으로 조용히 해야 하는 시간을 정해둘 만큼 소음에 민감한 나라다. 애완동물이나 텔레비전의 소리도 소음으로 인정되어 벌금형이나 금지명령을 받을 수 있다. 그런데 그런 독일이 2010년 법 개정을 통해 아이들의 소리를 소음의 범주에서 제외했다. 최초로 아이들의 떠들 권리를 명문화한 것이다.[35] 건축 기술이 모든 것을 바꿀 수는 없을 것이다. 사회적 인식의 변화도 함께 이루어질 필요가 있다. 아이들의 발걸음 소리와 웃음소리, 때로는 울음소리까지도 자연스레 받아들이고 너그러이 포용할 수 있는 날이 오기를 바란다. 아이들이 존재감을 숨기지 않아도 되는 그런 도시야말로 진정한 아동 친화 도시일 것이다.

살던 집에서 나이 들기

'지역사회 계속 거주'를 위하여

오래전에 돌아가신 나의 할머니는 요양병원에 가는 것을 몹시 두려워하셨다. 혹시라도 가족에게 버려진 사람처럼 보일까, 그 때문에 남들에게 업신여김을 당할까 걱정하셨다. 그래서인지 친구나 지인이 요양병원에 입소했다는 소식을 들으면 할머니는 늘 엄마 앞에서 그 자식들을 불효자라며 꾸짖곤 했다. 그러면서 봉양해 줄 아들이 없는 자신의 처지를 두고 한탄하시기도 했다. 딸인 엄마는 그런 할머니 곁을 한시도 떠나지 않았고, 덕분에 할머니는 마지막 순간까지 집에서 머무를 수 있었다. 하지만 그 시절 엄마는 할머니를 돌보느라 자신의 생활을 거의 내려놓아야 했다.

세월이 흘러 이제는 엄마의 차례가 되었다. 고령으로 운전대를 놓은 엄마의 활동 범위는 눈에 띄게 좁아졌다. 대중교통 사정이 좋지 않은 지방 소도시에서 운전을 그만둔다는 것은 곧 지인들과의 교류가 끊기는 것을 의미한다. 사회적 고립이 가속화되는 것이다.

활동 반경이 줄어들자 엄마는 자신의 존재 이유에 대한 회의감으로 힘들어하며 다시 운전을 갈망하고 있다. 또 최근 엄마는 무릎이 아프다고 하신다. 조만간 보행 보조기의 도움이 필요할 것 같다. 그런데 지금 마을의 구조를 보면 보행 보조기가 있어도 그리 편할 것 같지 않다. 도로의 많은 부분이 보차분리가 되어 있지 않고 거리의 차량 속도는 너무도 빠르다. 도로의 노면도 울퉁불퉁한 구간이 많고, 횡단보도 신호등은 노인들의 발걸음 속도는 아랑곳하지 않고 빠르게 바뀐다. 걸어 다니다가 힘들면 좀 쉴 수 있는 벤치라도 있으면 좋겠고 붙잡을 난간이라도 있으면 좋겠는데, 우리의 도시는 몸이 약한 사람에게는 아주 불친절하다.

결국 동네 마실도 어려워질 정도가 되면 살던 집을 떠나 요양원이나 요양병원에 갈 가능성이 크다. 그렇게 되면 그곳에서 마지막을 맞이할 것이다. 엄마가 입버릇처럼 하는 말이 있다. 살던 곳에서 나이 들어가고 싶다고. 집에서 마지막을 맞이하고 싶다고. 그러나 혹시 당신이 치매에 걸리면 집에서 가까운 곳이 아닌 아예 다른 도시의 멀리 떨어진 병원으로 보내달라고도 이야기한다. 가까이 있어서 자식들 마음 불편하게 하고 싶지도 않고 당신 또한 행여 기다릴 마음의 싹을 자르겠다는 이야기다. 연명의료도 하지 않겠다고 하신다. 기저귀가 채워지면 인간으로서 존엄은 거기서 끝이라고.

뇌경색으로 시아버지가 쓰러진 지 5개월이 되는 선미 씨는 최근 요양원이나 요양병원을 알아보는 중이다. 지금은 간병인을 두고 병원에 있는데, 이불과 옷에 항상 밥풀이 묻어 있어 자꾸만 마음이 불편하다. 간병인 비용도 만만치 않아서 차라리 잘 보살펴 주는 요양원으로 모시는 것이 어떨까 고민 중이다. 그런데 가끔 열이 나고 혈압도 불안정하다 보니 요양병원을 가야 하는 건지도 알아보고 있다고 했다. 한편 어머니가 치매 때문에 요양원에 계신다는 진유 씨는 항상 직접 모시지 못해 죄스러운 마음으로 생활하고 있다. 이는 몸이 불편한 노부모를 모시고 있는 몇 사람들의 이야기지만, 실은 대다수의 사람들이 겪었거나 겪고 있거나 혹은 겪어야 할 이야기이기도 하다.

보통 우리는 요양원이라고 하면 공기 좋고 한적한 시골 풍경을 떠올린다. 보호자 역시 그런 곳이 연로한 부모님을 모시기에 더 좋은 환경이라고 생각한다. 실제로 많은 요양원이 도심에서 떨어진 곳에 자리 잡고 있는 이유도 그 때문이다. 하지만 당사자의 입장에서 보면 이는 세상과의 단절을 의미한다. 시설에 입소하는 순간 자율성을 잃고 돌봄의 대상으로만 존재하게 되는 현실, 그리고 평생 쌓아온 관계와 일상으로부터 격리되는 경험을 누가 쉽게 받아들일 수 있을까. 그럼에도 고령자가 동네 마실 가는 것조차 어려워질 만큼 거동이 불편해지면 결국 집을 떠나게 되는 경우가 많다. 대부분 자녀에 의해 결정이 내려지기 때문이다. 당사자는 좁은 세상에서 노년을 보내고 싶지 않겠지만, 결국 자녀의 선택을 받아들일 수밖에 없고 평생 지내온 공간으로부터 격리되게 된다.

이러한 사회적 고립은 때로 신체적 질병보다 개인의 삶에 더 심각한 영향을 미친다. 30여 년 전, 미국의 체이스 메모리얼 요양원

Chase Memorial Nursing Home은 사회적 고립으로부터 발생하는 지루함, 외로움, 무력감을 고령자들의 '새로운 역병'으로 진단하고, 이를 없애기 위한 새로운 시도를 했다. 각 방에 식물을 두고 잔디밭 대신 채소와 꽃이 자라는 정원을 조성했다. 여기에 개, 고양이, 새 같은 동물들을 들였고, 시설 직원의 아이들이 요양원에서 시간을 보낼 수 있게 요양원 안에 방과 후 교실을 열었다. 심지어 나중엔 탁아 시설도 마련했고, 요양원의 정원을 지역민들에게 개방했다.

결과는 놀라웠다. 거주자들이 스스로 식물에 물을 주고, 새 소리를 들으며 강아지와 산책하고 고양이에게 먹이를 주기 시작했다. 거기에 더해 아이들의 웃음소리가 자연스럽게 공간을 채우니, 거주자들에게 활력이 생기기 시작한 것이다. 일상이 다시 움직이기 시작하자 거주자들의 약 복용량이 지역 내 다른 요양원에 비해 절반 가까이 줄었고 사망률도 15%나 낮아졌다.[36] 실로 놀랍지 않은가. 체이스 메모리얼 요양원 사례는 명확하게 보여주었다. 노인의 존엄성과 삶의 질 회복에 있어 고가의 의료 기술보다 살아 있는 생명과의 교감 그리고 스스로 무엇인가를 할 수 있는 자율성이 더 좋은 해결책이 될 수 있다는 것을 말이다.

그런데 아쉽게도 현재 우리나라의 노인 의료 시스템은 여전히 신체적 건강 관리에 초점을 맞추고 있다. 이제는 신체적 건강은 물론 사회적·정서적 건강까지 함께 돌보는 방식으로의 전환이 필요하다. 이때 반드시 고려되어야 하는 것이 바로 '집'이다. 집은 평생의 추억이 켜켜이 쌓인 곳이다. 익숙한 벽지, 손에 익은 가구, 언제나 같은 자리에서 마주치는 이웃들……. 이런 일상 속 요소들이 한 사람의 생을 지탱해 준다. 그러니 자신의 집에서 나이 들다 마지막을 맞이하고 싶다는 소망을 어느 누가 욕심이라고 말할 수 있을까. 이런 바람을 반영해 등장한 개념이 '지역사회 계속 거주 aging in place'이다. 이는 고령자가 자신이 살아온 집과 동네에서 익숙한 관계를 유지하며 나이 들어가는 것을 의미한다.[37] 이를 단순히 집을 떠나지 않는다는 의미로 받아들이면 곤란하다. 삶의 터전을 유지하며 자율성을 잃지 않고 사회적 관계를 지속해 나가는 것, 이것이야말로 인간으로서의 존엄을 지켜내는 방식이기 대문이다.

그런데 노인들의 그런 소박하고 당연한 바람을 가로막는 것 또한 집이라는 것이 아이러니다. 한국소비자원의 코고서에 따르면, 2024년 고령자에게 발생한 안전사고 10건 가운데 약 7건이 가정 내에서 발생한 사고였다.[38] 가장 편안해야 할 집이 노인에게는 가장 위험한 공간이 되어버리는 것이다. 사고 대부분은 낙상이다. 평소 신경을 크게 쓰지 않았던 화장실의 물기, 방문의 턱, 어두운 복도 그리고 정리되지 않은 전선 등이 원인이 된다. 문제는 고령자에게 이러한 낙상이 단순한 부상으로 끝나지 않는다는 점이다. 고령자의 경우 한 번의 낙상이 사망으로 이어지는 경우가 너무 많다.

그러므로 나이가 들어도 계속 집에서 살아가기 위해선 변화한 신체 조건에 맞는 주거 환경 개선이 필수적이다. 젊었을 때는 가볍게 넘나들던 문턱이 노년에는 생명을 위협하는 장애물이 될 수 있다. 집 안의 문턱을 없애고 미끄러질 위험이 적은 바닥재를 사용하며, 곳곳에 튼튼한 손잡이와 밝은 조명을 설치하는 일은 가장 기본적인 예방책이다. 물론 이는 시작에 지나지 않는다. 우리나라는 요양 시설을 짓고 운영하는 데 일정 부분 공적 자원을 제공할 뿐 살던 집에서 계속 살고 싶은 노인을 위한 실효성 있는 정책은 미비한 실정이다. 진정한 의미의 '지역사회 계속 거주'를 실현하려면 주거와 돌봄이 통합된 체계가 필요하다.*

이러한 문제의 해결책에 대해서 우리보다 먼저 급격한 고령화를 겪은 일본의 사례에서 실마리를 찾을 수 있다. 일본은 2011년 「고령자 주거 안정에 관한 법률」 개정을 통해 '서비스 제공 고령자 주택' 제도를 도입했다. 서비스 제공 고령자 주택이란 고령자에게 간병이나 의료서비스를 제공하는 임대주택이다. 대표적인 사례가 '긴모쿠세이銀木犀'다. 처음부터 '열린 집'을 지향하며 만들어진 긴모쿠세이는 1층에 매점, 거실, 식당이 있는데, 이 공간은 이웃에게도 개방되어 누구나 자유롭게 드나들 수 있다. 외부와 단절된 특별 관리구역으로 만들면 오히려 우울감과 사회적 고립을 키운다는 판단에서 비롯된 운영 방식이다. 또한 거주자의 자율성을 최대한 존중하는데, 술과 담배를 허용하는 것은 물론 치매를 앓는 사람의 외출조차 무리하게 막지 않는다.[39] 규칙이나 통제를 앞세우는 대신 한

---

* 다행히 「의료·요양 등 지역 돌봄의 통합지원에 관한 법률(약칭 '돌봄통합지원법')」이 제정되어 시행을 앞두고 있다. 이 법에 따라 2026년 3월, 일상생활에 어려움을 겪는 사람이 살던 곳에서 건강한 생활을 영위할 수 있도록 의료·요양·돌봄서비스를 통합 지원하는 통합돌봄서비스가 본격적으로 시행될 예정이다.

사람의 성인으로서 누려야 할 존엄과 자유를 지켜주는 것이다. 이와 같은 긴모쿠세이는 노인들이 지역사회에서 존엄하게 삶을 영위하는 것을 돕는 하나의 현실적 모델이자, 시설 중심에서 벗어난 새로운 돌봄의 대표적 사례라 할 수 있다.**

네덜란드의 시니어 주택 '리브인Liv-in'은 여기서 한 걸음 더 나아간다. 이곳은 원래 원룸형 요양원이었으나 기존 건물을 허물고 새로운 개념의 주거 형태로 재탄생시켰다. 거주자들은 각자의 독립된 공간에서 생활하면서 운동 시설과 물리치료실, 영화 감상실은 물론 공용 부엌, 카페, 미용실 등 다양한 입주 시설을 자유롭게 이용할 수 있다. 흥미로운 점은 리브인의 주민들이 서비스를 일방적으로 제공받는 존재가 아니라 조경, 시설, 재정 운영 등 공동체의 여러 영역에 직접 참여한다는 사실이다. 노인들의 사회적 역할에 대한 욕구를 반영한 운영 방식이다.[40] 입주 기준 또한 주목할 만하다. 리브인은 돌봄이 많이 필요한 그룹, 중간 수준의 돌봄이 필요한 그룹, 비교적 건강한 그룹이 각각 30%가 되도록 유지한다. 중증 돌봄 대상자만 많으면 전통적인 요양원이 되고, 반대로 건강한 사람이 많아지면 시니어 돌봄 주택의 의미가 퇴색되기 때문이다. 여기에 약 10% 정도는 18~25세 청년을 입주시키는 방식으로 운영해, 여러

** 참고로 긴모쿠세이는 우리나라의 실버타운과 달리 입주금이 없는 데다 상대적으로 비용 부담도 적은 편이다. 입주자의 개호보험(우리나라의 노인 요양 보험과 비슷한 개념의 일본 보험 제도) 등급에 따라 정부로부터 최대 절반 가까운 비용을 지원받을 수 있다.(최창원, 「'노인의 나라' 일돈…한국의 미래다」, 『매일경제』, 2025년 7월 4일.)

세대와 다양한 계층이 함께 살아가는 진정한 의미의 혼합 공동체를 이루었다.[41]

일본의 긴모쿠세이와 네덜란드의 리브인에는 공통점이 있다. 노인의 돌봄을 한 가족의 부담으로 남겨두지 않고 사회 전체가 함께 책임져야 한다는 인식에서 출발했다는 점이다. 이러한 인식의 변화는 우리 사회에서도 서서히 나타나고 있다. 국가데이터처가 공개한 「2024년 사회조사 결과」에 따르면, 부모 부양에 있어 '가족·정부·사회'가 함께해야 한다는 응답이 60% 이상을 차지했다.[42] 부모 부양, 노인 돌봄이 이제는 사회적 공동 과제가 되었음을 시사하는 결과다. 이런 흐름에 따라 변화의 움직임이 조금씩 나타나고 있는데, 광주광역시 광산구에서 진행하는 '살던집 프로젝트'를 눈여겨볼 만하다. 이름부터 따뜻하고 뭉클한 이 사업은, 돌봄이 필요한 주민이 병원이나 요양 시설이 아닌 자신이 살던 집에서 지역사회와 연결되어 건강하고 안전한 일상을 이어갈 수 있도록 돕는 것을 목표로, 맞춤형 주거 돌봄 건강관리 서비스를 제공하는 사업이다.[43] 노인들의 존엄한 삶을 지키기 위한 모범적인 시도라고 생각한다.

당신도 나도 모두가 존엄한 인간으로 이 세상에 왔다. 살아온 곳에서, 살아온 방식대로 존엄한 삶을 영위할 권리는 누구에게나 있다. 존엄을 잃지 않고 독립적이며 자율적인 삶을 살 수 있도록 가족과 사회가 함께 마음을 쓰고 노력을 기울여야 한다. 집과 마을의 환경을 개선하는 일과 노인에게 사회적 교류의 기회를 제공하고 자율성을 보장해 주는 지원제도들이 그런 삶을 가능하게 만들 거

라고 생각한다. 어디에서든, 모든 이들이 자신의 존재 가치를 느끼
며 살아갔으면 좋겠다. 나의 엄마, 그리고 나 자신도 마지막 순간까
지 그렇게 살아갈 수 있기를 바라본다.

뜨는 동네의 역설*

젠트리피케이션과 장소상실

내 친구는 오래된 동네에 살았다. 아이들이 골목길을 마음껏 뛰놀고, 할머니 할아버지들이 손주를 돌보며 정겹게 살아가는 곳이었다. 큰길 하나만 건너면 화려한 백화점이 있는 값비싼 땅과 맞닿아 있었지만, 사람들은 그곳을 '달동네'라 불렀다. 달이 잘 보일 만큼 산비탈이 높은 곳에 집들이 빽빽이 들어선 동네라는 뜻이었다. 그런데 어느 날 그곳에 '재개발'이라는 딱지가 붙었다. 주민들이 하나둘 떠난 동네는 을씨년스러웠지만, 남아 있던 아이들은 여전히 이웃집을 오가며 천방지축 뛰어놀았다. 그러다 결국 그 땅은 강제수용強制收用이 되었고, 친구를 비롯한 대부분의 이웃들은 새로 들어서는 비싼 신축 아파트에 입주하지 못했다. 그렇게 평생을 이웃하며 살았던 사람들은 동네 바깥으로 밀려나며 흩어졌다. 이처럼 낙

* 2015년 5월 26일 『주간동아』에 실린 기사(송화선 기자)의 제목을 빌려왔음을 밝힌다.

후 지역이 재개발되어 좋은 주거 단지가 들어서거나 고급 상업가가 형성되면서 본래 거주하던 원주민들이 밀려나는 현상을 '젠트리피케이션gentrification'이라고 한다.

다른 예도 있다. 경제적으로 여유는 없지만 에너지가 넘쳤던 예술가들과 청년들이 지내던 동네가 있다. 당연히 주변에 비해 비교적 임대료가 저렴한 동네였다. 그들은 그곳에서 자신만의 개성을 담은 작은 가게나 작업실을 열고 꿈을 키워나갔다. 그런 그들이 만들어낸 고유한 분위기가 입소문을 타 많은 이들이 몰려들었고, 그 동네는 어느새 핫 플레이스로 주목받게 되었다. 그런데 사람들의 발길이 늘어나며 거리에 활기가 돌자 임대료가 치솟기 시작했다. 얼마 뒤 그곳을 일군 예술가들과 청년들은 높은 임대료를 감당하지 못하고 떠나게 되었다. 그 빈자리에는 프랜차이즈 매장이 들어서거나 '임대' 딱지가 붙은 공실로 오랫동안 방치되었다. 지역의 활성화가 오히려 그 지역의 고유성을 파괴하는 이 모순적 현상, 이것이 바로 우리가 홍대, 성수동, 경리단길 등에서 목격한 젠트리피케이션이다.

젠트리피케이션은 1964년 영국의 사회학자 루스 글래스Ruth Glass가 처음 사용한 용어로, 상류층을 뜻하는 '젠트리gentry'와 '~화化'를 뜻하는 접사 '-fication'이 결합한 단어다. '상류층화'의 의미가 담겨 있는 것이다. 글래스가 주목한 것은 런던의 가난한 노동자 계층이 살던 동네에서 벌어지고 있던 변화였다. 중산층이 낡고 허름한 노동자의 집을 사들여 자신들의 취향에 맞게 고급스럽게 바꾸기 시작했고, 그 결과 본래 그곳에 살던 사람들은 치솟는 집세를 견디지 못해 수십 년간 살아온 터전을 떠나야 했다. 동네의 풍경뿐 아니라 그곳에 살던 사람들의 계층 구성 자체가 달라진 것이다. 외부 자본과 새로운 계층의 유입, 그로 인한 임대료 상승, 최종적으로는 원주민의 비자발적 퇴거가 이어졌다. 이 일련의 과정이 오늘날 우리가 경험하는 젠트리피케이션의 핵심이다.

젠트리피케이션이 민간의 자본만으로 발생하는 현상은 아니다. 공공기관 역시 도시재개발, 도시재생, 지역 활성화 같은 긍정적인 명분을 내세워 이 과정에 적극적으로 개입해 왔다. 여기에는 낙후된 지역의 미관을 개선하고 새로운 상권을 형성해 지역 경제를 살리겠다는 전략이 담겨 있다. 그런데 이 과정에서 본래 그곳에 살던 주민들의 삶이 충분히 고려되지 않는 경우가 많다. 지역 활성화의 혜택은 대체로 건물주나 새로 유입된 자영업자에게 돌아가고, 기존 공동체의 구성원들은 소외되기 십상이다. 오늘날 우리가 공공 프로젝트의 성과를 평가할 때 개인의 삶은 배제한 채 경제적 성과만을 기준으로 삼고 있는 것은 아닌지, 공공의 이익이라는 명분을 내세워 공동체의 해체를 정당화하고 있는 것은 아닌지 스스로 돌아볼 필요가 있다.

비교적 최근의 사례를 보자. 몇 해 전 더본코리아와 예산군이 협약을 맺고 '예산시장 살리기 프로젝트'를 추진했다. 말 그대로 예산 시장을 살리고 지역 경제를 활성화시키고자 진행한 프로젝트였다. 결과는 놀라웠다. 한때 공실률이 60%에 달하던 예산시장은 백종원 대표의 손길을 거치면서 연간 350만 명이 찾는 관광 명소로 거듭났다. 표면적으로는 분명한 성공이었다. 하지만 불과 1년 사이에 30만 원 수준이던 월세는 200만 원까지 치솟았고, 3000만~4000만 원이면 매매할 수 있었던 상가의 가격이 3~4억 원으로 열 배 가까이 폭등했다.[44] 값싸고 좋은 음식을 제공하여 시장을 살려보겠다는 프로젝트로 인해 시장에서 장사를 하던 상인들이 떠나야 하는 처지가 되었으니 우리는 이것을 어떻게 받아들여야 할까.

예산시장 상인들의 어려움은 여기에서 그치지 않았다. 프로젝트를 이끌던 백종원 대표의 각종 논란으로 인해 대중적 인기가 급락하자 예산시장을 향한 관심도 빠르게 식어버린 것이다. 관광객이 줄어들면서 시장의 활기도 예전만 못하지만, 한번 올라간 임대료와 부동산 가격은 그만큼 쉽게 내려갈 기미가 보이지 않는다. 이 씁쓸한 결말은 예산시장만의 이야기가 아니다. 전국 곳곳에서 '제2의 가로수길' '제2의 경리단길'이 등장하며 비슷한 운명을 되풀이하고 있다.

젠트리피케이션 문제가 사회적으로 대두되기 시작한 곳은 '홍대 앞'이다. 1990년대 언더그라운드 뮤지션들의 성지였던 홍대 앞은 그야말로 청년들의 독특한 문화적 해방구가 되는 공간이었다. 그 독창적인 에너지를 읽어낸 자본이 움직이기 시작하고 새로운 지하철 노선이 개통되면서 유동 인구가 급증하자, 홍대를 상징하던 '인디 감성'은 어느새 사라지고 그 자리를 대형 프랜차이즈들이 채우기 시작했다.

그렇게 홍대 앞에서 시작된 젠트리피케이션은 주변으로 번져 나갔다. 이태원의 경리단길은 한때 이국적인 분위기로 큰 인기를 끌었지만, 치솟는 임대료를 감당하지 못한 자영업자들이 하나둘씩 떠나면서 내리막길로 접어들었다. 신사동 가로수길 역시 K-패션과 뷰티의 중심지라는 말이 무색할 만큼 지금은 공실률이 높아져 옛 활기를 잃었다. 몇 해 전에는 성수동이나 낡은 공장과 철공소가 밀집한 을지로가 힙한 공간으로 떠올랐지만, 거리의 이름만 바뀌었을 뿐 전개되는 양상은 유사했다. 자본이 공간이 갖고 있던 고유한 문화와 매력을 밀어내는 과정 말이다.

문제는 여기서 그치지 않는다. 활기를 띤 상권은 인근의 주거지에도 직접적인 영향을 미친다. 조용한 주택가 골목이 순식간에 관광객을 위한 상업 공간으로 변모하기도 한다. 2018년 서울시의 마지막 한옥마을로 지정된 익선동이 대표적인 사례다. 이곳의 많은 주민들은 동네를 떠났고, 그들이 수십 년간 살아온 한옥은 어느새 카페나 식당으로 바뀌었다. 아직 남아 있는 주민들 역시 상황이 녹록지 않다. 밤낮없이 몰려드는 관광객의 소음과 문 앞까지 늘어선 상가 대기 줄 때문에 일상의 편안함을 제대로 누리기 어렵다. 그들의 집은 관광객들에게 마치 전시품처럼 소비되고 있다.

이러한 '장소상실'*의 사례는 우리 주변에 무수히 많다. 관광 명

---

* Placelessness. 캐나다 토론토대학교 에드워드 렐프Edward Relph 교수가 『장소와 장소상실』에서 밝힌 개념으로, 획일화로 인해 그 장소만이 가진 고유한 맥락과 의미가 사라지는 현상을 의미한다. '무장소성無場所性'으로 번역되기도 한다.

소로 유명한 전주한옥마을도 한때는 조용하고 고즈넉한 동네였
다. 그러나 관광지로 개발되면서 골목마다 관광객이 몰리자 가게
들이 하나둘 화려한 기념품점이나 음식점으로 바뀌어갔다. 당시
나의 작은 사무소도 그곳에 있었다. 빈 창고처럼 낡았던 공간을 마
음과 애정을 다해 가꾸어왔는데 건물주가 재계약을 원치 않는 바
람에 결국 밀려나듯 그곳을 떠나야 했다. 사무실 한 칸을 잃었을
뿐인데도 마음 한구석이 텅 빈 듯했으니, 한평생 살아온 집을 잃은
사람들이 느낄 상실감은 감히 짐작조차 어려웠다. 많은 원주민이
떠난 후에야 시에서는 상생 협약을 이야기했다. 하지만 동네를 지
키던 오래된 국밥집도, 골목을 누비던 아이들도, 그들과 함께 쌓아
온 시간의 흔적들도 이미 모두 사라진 뒤였다.

　젠트리피케이션이라는 거대한 흐름 앞에서 사람들은 서로 다른
견해를 내놓는다. 어떤 이는 오래된 도시라면 피할 수 없는 성장통
이라고 말하고, 또 다른 이는 낙후된 지역이 개발되는 자연스러운
과정이라고 말한다. 쫓겨나는 이들의 고통은 안타깝지만, 도시 전
체가 활기를 찾는다면 결국 더 나은 변화라는 주장도 있다. 그렇다
면 묻고 싶다. 도시는 어떤 공간인가. 그곳 사람들의 생이 켜켜이 쌓
여 만들어진 공동의 자산이 아닌가. 그런 사람들을 배제하는 도시
개발은 정말 온당한 일일까. 그렇게 만들어진 도시는 누구를, 무엇
을 품을 수 있을까.

　자본은 사람들이 도시에 오랜 시간 쌓아온 삶의 흔적을 순식간
에 바꾸어 놓는다. 그리고 우리는 언제나 이러한 '자본의 시간'을

기준 삼아 도시를 움직여 왔다. 빨리빨리. 이는 경제성장을 이끌었지만, 그 과정에서 끊임없이 누군가를 배제하고 밀어냈다. 이제 도시는 다른 속도로, 다른 방향을 향해 나아가야 한다. 도시가 가진 진짜 힘, 도시 공간에서 살아가는 사람들과 그들이 오랫동안 쌓아 온 수많은 생의 흔적을 보존하는 방식으로.

2부

노동의 자리

통계에 따르면 하루 평균 두 명의 노동자가 퇴근하지 못하고 목숨을 잃고 있다. 사람의 생명이나 건강을 해쳐야 유지되는 작업장이라면 결코 정상적인 일터가 아니다. 그런데 왜 위험을 감당하는 일은 여전히 노동자 개인의 숙명이 되고 있을까.

휴식이 사치인 사회

여전히 살아 있는 그날의 목소리

우리나라의 「근로기준법」은 노동시간을 하루 8시간, 주 최대 52시간으로 제한하고 있다. 이는 장시간 노동으로 인한 질병과 사고를 막고, 노동자를 기계가 아닌 '사람'으로 대우하기 위한 최소한의 장치다. 동시에 더 많은 이들이 안정적인 일자리를 나눌 수 있도록 만드는 사회적 합의이기도 하다. 하지만 현실은 이 취지를 무색하게 만든다. 우리는 여전히, 사람을 기계처럼 몰아붙이는 일터에서 살아간다. 사람은 기계가 아니라는 사실을 종종 잊으면서.

하루 종일 도로 위를 달리는 택배 기사, 밤을 새우며 기계를 돌리는 제조업 노동자, 몇 초의 여유도 없이 박스를 나르는 물류센터 노동자. 오늘도 수많은 노동자가 법이 정한 시간을 넘겨 과로하고 있다. 생산과 물류는 24시간 돌아가야 수요를 감당할 수 있고, 납기와 실적을 맞추기 위해 공정은 좀처럼 멈추지 않는다. 마트와 백화점 매장에서 일하는 이들은 어떤가. 식사와 휴식도 눈치 보며 미루는 실정이 아닌가. 쉴 틈 없는 응대와 감정노동에 탈진하고 있는 콜센터 노동자들도 상황은 비슷하다.

오늘날 노동의 핵심은 결국 속도다. 얼마나 빨리, 얼마나 많이 처리했느냐가 수익을 결정한다. 속도를 높여야, 더 적은 인원에게 더 많은 일을 떠맡겨야 돈을 벌 수 있다. 결국 이것 때문에 제대로 쉬지 못하는 현장이 조성된다.

문제는 '일터'라는 공간에만 있는 게 아니다. 우리 사회는 여전히 '빡세게' 일하는 것을 미덕으로 받아들인다. 과로는 성실함이오 쉼은 게으름인 사회. 그래서 그저 쉬었을 뿐인데 우리는 종종 왜 쉬었는지를 해명해야만 하는 상황에 맞닥뜨린다. 가혹한 노동을 미덕으로 포장하는 문화가 오래 지속되어 온 탓이다.

2021년 「산업안전보건법」이 개정되면서 일정 규모 이상의 사업장에 휴게시설 설치가 의무화됐다. 하지만 법이 바뀌었다고 해서 모든 현장이 곧바로 달라진 건 아니다. 법 적용에서 제외된 업종 혹은 소규모 사업장에는 여전히 휴게 공간이 아예 없거나, 형식적인 수준에 그치고 있다. 그래서 아직까지도 많은 노동자가 창문 하나 없는 지하 보일러실에서 땀을 닦고, 세제 냄새가 밴 창고 구석에서 도시락을 먹는 것이다. 쉴 곳이 없어 화장실로 향하고, 걸레 바가지 위에 식판을 올려 식사하는 일이 아직도 낯설지 않은 현실. 지금 이 순간에도 우리 사회는 누군가의 쉼을 여전히 사치로 취급하고 있다.

쉬지 못하는 일터의 비극은 어제오늘의 이야기가 아니다. 19세기 후반 산업혁명기의 유럽과 미국에서도 노동자들은 하루 14시간, 16시간씩 공장에서 일했다. 새벽부터 밤늦게까지, 어린이와 여성도 기계 옆을 떠날 수 없었다. 그러던 1886년 5월 1일, 미국 시카고에서 쉼 없이 일하던 노동자들이 거리로 나왔다. "하루 8시간 노동, 8시간 휴식, 나머지 8시간은 우리가 원하는 대로(Eight hours for work, eight hours for rest, eight hours for what we will)." 그들의 외침은 거창한 이상이 아니라, 그저 노동자에게도 존엄과 쉴 수 있는 권리가 있다는 선언이었다. 노동자들의 궐기는 경찰의 발포와 사망자 발생, 심지어는 끔찍한 테러와 사법살인에까지 이르게 되지만,* 끝내 "하루 8시간 노동"이라는 구호를 전 세계 노동자에게 전달하는 데 성공했다. 그 덕분에 1919년 국제노동기구International Labour Organization, ILO가 창설되고 가장 먼저 채택한 협약이 노동시간에 대한 협약이 되었다. 이 협약으로 인해 하루 8시간, 주 48시간이라는 공업 부문에서의 노동시간 원칙이 국제 기준으로 확립되었다.

그로부터 100년이 훌쩍 지난 오늘날, 우리는 여전히 그 요구 앞에 멈춰 서 있다. 과거보다 노동시간은 줄었지만 노동의 구조는 바

---

* 이것이 이른바 헤이마켓Haymarket 사건이다. 노동자들의 궐기가 시작된 지 이틀 만인 5월 3일, 경찰의 발포로 노동자 4명이 사망하고 여러 명이 다치게 된다. 다음 날인 5월 4일 이 사건에 항의하기 위한 대규모 집회가 헤이마켓 광장에서 열렸는데, 이때 누군가 폭탄을 던져 경찰관 70명이 다치고 7명이 숨진다. 이에 경찰이 집회를 구경하러 나온 시민들에게까지 무차별 총격을 가해 여러 사람이 죽게 된다. 경찰은 투쟁을 이끌었던 노동자 8명을 체포했다. 이들은 광장에서의 폭탄 테러와 아무 관련이 없었지만 사상이 불순하다는 이유로 체포한 것이었다. 이들은 결국 유죄판결을 받아 4명이 교수형에 처해졌고 1명은 감옥에서 자살하였다. 참고로 오늘날 노동절이 5월 1일인 까닭도 1886년 미국의 노동자들이 8시간 노동제 쟁취를 위해 궐기한 날이기 때문이다.

뀌지 않았다. 속도와 효율이 쉼을 밀어내는 방식은 그대로이고, 쉴 수 없게 설계된 일터는 여전히 존재한다. 과거 노동자들이 '쉴 권리'를 외치며 거리로 나서게 만든 원인, 오래전 먼 나라에서 울렸던 그 외침이 오늘날 우리 사회에서도 유효하다.

1970년 11월 13일 스물두 살의 청년 전태일은 서울 평화시장 앞에서 자신의 몸에 불을 붙였다. 그리고 외쳤다. "근로기준법을 준수하라! 우리는 기계가 아니다!" 짧은 문장. 그러나 이 외침 안에는 하루 14시간 넘게 재봉틀 앞에 앉아 있던 아이들의 고단한 숨결, 바늘에 자주 찔려 굳은살이 박인 손가락, 열악한 환경에서 일하면서 밥도 제대로 먹지 못했던 슬픔이 서려 있었다.

그가 일하던 평화시장은 이른바 '시다'라고 불리는 10대 여공들이 다수 일하는 봉제 공장이었다. 환기조차 되지 않는 다락방 같은 작업장, 먼지와 섬유 찌꺼기가 가득한 그 좁은 공간에 어린 소녀들이 빽빽이 들어앉아 하루 14시간, 15시간을 일했다. 전태일은 재단사로서 조금 더 높은 위치에서 여공들과 함께 일했는데, 언제나 열악한 환경에서 가혹한 노동을 하는 여공들을 생각하며 현실을 바꾸지 못하는 것에 자책감을 가졌다. 그래서 책을 읽고 법전을 뒤지고 노동청을 찾아다녔다. 하지만 돌아온 것은 '귀찮은 민원인'이라는 시선과 아무런 변화 없는 현실뿐이었다. 그리하여 전태일은 마지막으로 세상을 향해 크게 목소리를 내기로 한 것이다. 세상이 외면할 수 없는 방식으로.

전태일의 죽음은 노동자의 인권이라는 의제를 우리 사회가 본격적으로 마주하게 만든 사건이었다. 그는 노동시장의 구조가 얼마나 비정한가를 온몸으로 증명해 보이며, 노동자의 쉼을 권리로 바라봐야 한다는 사회적 각성을 촉발했다.

쉴 권리는 노동시간뿐만 아니라 노동환경과도 직결되는데, 그런 면에서 보면 전태일 열사가 항거한 지 수십 년이 지났지만 여전히 우리 사회의 수많은 노동자들이 쉴 권리를 제대로 보장받지 못하고 있다. 특히 청소 노동자, 경비 노동자, 야외 노동자처럼 공공을 위해 일하는 이들은 더욱 그렇다.

2019년 8월 9일. 낮 기온이 35도까지 올랐던 그날, 서울대학교 관악캠퍼스 제2공학관 직원 휴게실에서 한 청소 노동자가 숨진 채 발견되었다. 그가 쓰던 휴게실은 지하 1층 계단 아래 좁은 공간을 개조해 임시로 조성한 것이었다. 1평 남짓한 공간에 창문도 에어컨도 없었다.[01] 문을 닫으면 내부 온도가 더 높아졌고, 열기를 식힐 방법은 없었다. 이름만 '휴게실'일 뿐, 실제로는 사람이 휴식을 취할 수 있는 장소가 아니었던 것이다.

이 사건이 있기 훨씬 전인 2010년, 청소 노동자들이 도심 행진을 한 적이 있다. 그들이 주장한 것은 다름 아닌 '따뜻한 밥 한 끼의 권리'였는데, 어두운 창고나 화장실에서 숨어서 밥을 먹어야 하는 현실에 대한 저항이었다. 그 시기 나는 밥 먹을 공간이 없어 화장실이나 보일러실에서 도시락을 펼치는 사람들이 많다는 사실에 큰 충격을 받았다. 해서 내가 설계하는 건물에서만큼은 밥을 먹는 사람을 화장실이나 계단 밑으로 몰지 않겠다고 다짐하며 그들에게 약

속의 편지를 보내기도 했다. 그런데 그로부터 십수년이 흐른 지금, 나는 여전히 이 책에서 같은 이야기를 반복할 수밖에 없다. 지금도 많은 사람들이 여전히 밥 한 끼 먹을 자리를 찾지 못한 채 보일러실로, 계단 밑으로 향하고 있기 때문이다.

2021년 「산업안전보건법」 개정으로 2022년부터 일정 규모 이상의 사업장에 휴게시설 설치가 의무화되었으나, 2023년 한국타이어 금산공장의 청소 노동자들이 여전히 화장실을 휴게실로 사용하고 있다는 내용의 기사가 보도되었다.[02] 또한 『경향신문』의 2024년 기사에 따르면, 청소 노동자의 휴게실이 있는 경기도 소재 아파트 단지 10곳 중 6곳이 지하에 휴게실을 두었다고 한다.[03] 햇살이 스며드는 창 하나, 등을 기댈 수 있는 의자 하나, 도시락을 펼칠 수 있는 작은 탁자 하나 없이 휴식 시간을 맞는 노동자들이 이렇게나 많다.

언제 쉴 수 있는가, 어디에서 밥을 먹고 휴식할 수 있는가. 더 늦기 전에 우리는 물어야 한다. 노동자를 제대로 쉬지 못하게 하는 일터는 결국 모두를 병들게 할 것이기에.

'운'이 필요한 공간

일터와 안전할 권리

산업재해(이후 '산재')는 일터에서 다치거나, 병을 얻거나, 사망에 이르는 모든 경우를 의미한다. 「산업재해보상보험법(약칭 '산재보험법')」에 따르면 이러한 업무상 재해는 세 가지 유형으로 나뉜다. 업무상 사고, 업무상 질병, 출퇴근 재해. '업무상 사고'는 노동자가 근로계약에 따른 업무나 그에 따르는 행위를 하던 중 발생한 사고로, 주로 추락, 충돌, 끼임 등 업무 중 급작스럽게 발생하는 사고를 말한다. '업무상 질병'은 업무 수행 과정에서 노동자의 건강에 악영향을 미칠 수 있는 요인을 취급하거나 그에 노출되어 발생한 질병을 말하는 것으로, 소음으로 인한 난청이나 유해 물질로 인해 암이나 호흡기질환 등이 발병한 사례가 여기에 해당된다. 그리고 '출퇴근 재해'는 말 그대로 출퇴근 중에 발생한 사그다. 예기치 못하게 출퇴근 과정에서 사고를 당한 경우가 아니라면, 당연히 대부분의 산재는 예방이 가능하다. 산재는 언제나 노동자의 안전을 고려하지 않은 공간 설계와 부실한 안전관리로 인해 발생했다.

산재라는 개념조차 없던 시절, 노동자들의 고통은 개인의 체질이나 불행으로 치부되었다. 그러던 중 19세기 후반 영국 성냥 공장에서 발생한 사건이 이러한 통념을 뒤흔들어 놓았다. 당시 성냥 공장에서 일하던 여성 노동자들은 백린白燐에 반복적으로 노출되어 턱뼈가 괴사하는 고통스러운 질병에 시달렸다. 초기에는 치통으로 시작했지만, 시간이 흐르면서 뼈가 괴사하며 얼굴이 변형되었고, 심한 이들은 사망에까지 이르렀다. 이 끔찍한 질병을 키운 것은 제대로 된 환기 시설의 부재와 위험하고 비좁은 노동환경이었다. 그런데도 초기엔 이러한 질병이 산업병으로 인식되지 않았고, 그저 개인의 체질 문제로 치부되어 온 것이다.

1888년, 이런 환경에서 일하던 런던 브라이언트앤드메이Bryant & May 성냥 공장 노동자들이 파업에 돌입했다. 이것이 노동자들의 고통을 사회에 알리는 데 결정적인 역할을 한 '성냥 소녀 파업Match Girls' Strike'이다. 성냥 공장 노동자들은 위험한 노동환경과 부당한 노동조건 개선을 요구하며 일을 멈추고 거리로 나섰고, 끝내 자신들의 손으로 더 나은 환기 시설과 위생 설비를 보장받게 되었다.[04]

노동자를 생각하지 않은 노동 공간에서의 비극은 또 있다. 1911년, 미국 뉴욕 맨해튼의 트라이앵글 셔츠웨이스트 공장Triangle Shirtwaist Factory에서 비극적인 화재가 발생했다. 이 사건은 탈출구나 비상계단이 제대로 갖추어지지 않았을 때 얼마나 많은 생명이 순식간에 사라질 수 있는지를 전 세계에 각인시켰다.

불길은 천 조각들이 담긴 통에서 시작되었다. 문제는 비상용 호스는 썩어 있었고, 밸브도 녹슬어 막힌 상태였다는 것이었다. 스프링클러는 물론 다른 안전 장비도 없었다. 평소 직원들이 사용하던 화물용 엘리베이터 두 대가 있었지만 하나는 작동하지 않았던 데다, 남은 하나마저도 왕복으로 몇 번 오가지 못했다. 양쪽 끝에 내부 계단으로 통하는 문이 있었는데, 한쪽은 공장주가 도난을 방지한답시고 항상 잠가놓았다고 하고, 하나 남은 유일한 출구는 연기로 가득 차 이용하기 어려운 상태였다고 한다. 건물 외부에 달린 탈출용 비상계단은 약한 내구성 탓에 열기와 하중을 견디지 못하고 무너져 내렸다. 대피할 곳을 찾지 못한 많은 노동자들이 연기에 질식하거나 불에 타 죽었고, 일부는 건물 밖으로 몸을 던졌다. 이 화재로 총 146명의 노동자가 목숨을 잃었으며, 대부분이 10대 20대 여성 이민자들이었다.[05] 이 사건은 구조적 안전이 곧 생존 가능성을 좌우하며, '생존 가능한 설계'가 인간의 기본권이라는 인식을 본격적으로 제도화하는 계기가 됐다.

그런데 그로부터 100년도 넘게 지난 지금, 대한민국에서 유사한 사고가 반복되고 있다. 2020년 이천 한익스프레스 물류센터 화재 사고, 2021년 이천 쿠팡 덕평 물류센터 화재 사고, 2022년 대전 현대프리미엄아울렛 화재 사고, 2024년 화성 아리셀 공장 화재 사고. 거의 매년 물류센터나 공사 현장 등에서 대형 화재와 추락 사고가 되풀이되는 실정이다. 이 사고들에는 공통점이 있다. 다름 아닌 안전불감증과 시스템의 미비로 인해 대형 사고로 번졌다는 것이다.

이천 한익스프레스 물류센터 화재 사고는 부실한 관리·감독과 비용 절감 우선주의 등 우리 사회에 깊게 뿌리박힌 안전불감증이 한데 응축되어 터진 대표적인 사례다. 화재는 우레탄폼 마감 작업과 용접 작업이 동시에 진행되던 현장에서 벌어졌다. 용접 작업 과정에서 발생한 불똥이 우레탄폼에 옮겨붙으면서 화재가 발생한 것이다. 당시 스프링클러는 작동하지 않았으며, 냉동창고의 결로를 방지한다는 명목으로 비상구 대피로를 폐쇄해 놓은 상태였다. 이 사고로 안타깝게 돌아가신 분이 무려 서른여덟 분이다. 설계, 시공, 감리, 자재 선택, 공정관리 등 모든 과정의 문제가 복합적으로 작용한 결과였다. 특히 공사 기간 단축을 위해 무리한 동시 작업을 강행했고, 비용 절감을 위한 가연성 높은 자재를 사용했으며, 다단계 하도급 구조 속에서 안전수칙을 위반한 데다 관리·감독이 부재한 것이 결정적이었다.[06]

이 사고를 계기로 여론이 크게 들끓자 2021년 1월 「중대재해 처벌 등에 관한 법률(약칭 '중대재해처벌법')」이 제정되었고 이듬해 1월 시행되었다. 이 법은 안전한 노동환경 조성을 위해 제정된 「산업안전보건법」과 달리 중대재해가 발생했을 때 기업에 책임을 묻고 강력히 처벌함으로써 재발을 방지하는 데 목적을 둔 법으로, 중대재해 발생에 있어 경영책임자를 형사처벌 대상으로 규정한 최초의 법이다. 산재에 대한 사회적 인식이 '노동자 개인의 책임'에서 '경영진의 책임'으로 전환되기 시작한 것이다.

그러나 법이 시행된 이후에도 현실은 쉽게 변하지 않았다. 국회

입법조사처의 자료[07]에 따르면 법 시행 이후로도 재해자 수와 재해율이 증가하였고 사망자 수와 사망만인율에서는 유의미한 변화가 없었다. 게다가 기소로 넘어간 사건은 송치 사건의 절반 정도에 머무르는 데다, 사건 발생일부터 기소까지 걸리는 시간도 평균적으로 1년 6개월이 넘는다고 한다.[08] 「중대재해처벌법」 제정으로 우리 사회가 비로소 "안전은 선택이 아닌 책임"이라고 선언했지만, 실제로 그 책임을 묻는 일은 아직 미완의 과제로 남아 있는 듯하다.

2024년 한 해 동안 산재로 사망한 노동자는 총 2098명에 달한다. 이 중 건설업과 제조업 노동자가 972명이니 절반에 가까운 수치다. 또한 60세 노동자가 1107명으로 절반이 넘었고, 사고 사망자 중에서는 떨어짐으로 인한 사망자가 278명으로 가장 많았으며, 97명의 목숨을 앗아간 끼임 사고가 그 뒤를 이었다.[09]

60세 이상의 고령 노동자들이 사고 사망자의 절반을 차지한다는 사실에 주목할 필요가 있다. 이는 그들의 노동환경이 보다 민첩하지 않으면 큰 사고로 이어지기 쉬운 위험한 환경이라는 의미다. 게다가 떨어짐이나 끼임으로 인한 사고는 결코 개인의 부주의나 운 탓으로 돌릴 수 없다. 처음부터 안전을 고려하지 않은 설계와 최소한의 안전관리마저 없었던 시스템이 낳은 구조적 문제다.

산업현장에서 발생할 수 있는 이러한 사고를 예방하기 위해 우리 정부는 안전에 대한 명확한 법적 기준을 마련해 두고 있다. 「산업안전보건기준에 관한 규칙(약칭 '안전보건규칙')」에는 작업장 내 통로나 계단의 최소 너비, 안전난간의 구조 및 설치 요건, 비상구의 위치와 크기, 적절한 조명의 밝기, 경보 장치와 환기 시설 등에 대한 구체적인 기준이 명시되어 있다. 문제는 이러한 규칙이 많은 현장에서 형식적으로만 적용되거나 제대로 지켜지지 않는다는 점이다.[10]

안전한 공간의 중요성을 그렇게 강조하면서도 사고가 나면 자꾸만 개인의 부주의 탓으로 돌려버리는 관행 탓이 크다. 게다가 구조적 위험은 노동자들이 쉽게 알아차리기 어렵다. 공간 설계나 시설의 안전성 문제는 전문적인 지식이나 관리 권한이 있어야만 파악할 수 있기 때문이다. 노동자에게 애초에 위험을 미리 제거할 권한이 없는데 어떻게 책임을 개인에게 돌릴 수 있겠는가.

2025년 5월에도 이천의 한 대형 물류창고에서 화재가 발생했다. 리튬이온배터리가 적재되어 있던 창고라 진화 작업만 34시간이 넘게 걸린 대형 사고였음에도, 다행히 건물 안에 있던 178명 전원이 무사히 대피할 수 있었다. 이전의 수많은 사고와 달리 인명 피해가 없었던 주요 원인은 건축 재료와 구조에 있었다. 이 창고는 벽을 불연성 무기단열재인 글라스울 샌드위치패널로 지었고, 슬래브는 프리캐스트콘크리트PC 구조로 설계했다. 그 덕에 화재의 급격한 확산을 효과적으로 차단할 수 있었던 것이다.[11] 앞선 사례와 달리, 안전기준을 고려하여 공간을 조성했을 때 얼마나 많은 사람의 생명을 지킬 수 있는지를 보여준 사건이었다. 아직 갈 길이 멀지만, 이처럼 '안전'을 비용의 문제가 아닌 '권리'로 받아들이는 인식이 전 사회적으로 확산된다면, 비로소 우리 사회도 변할 것이다. 한 사람의 죽음도 허투루 생각하지 않는, 운이 아닌 시스템이 우리를 보호하는 안전한 사회로 말이다.

도로 위 노동자

배달의 민족의 쉴 곳 없는 도시

도로 위를 일터 삼아 노동을 하는 이들이 있다. 다름 아닌 배달 라이더를 위시한 플랫폼 노동자들, '이동 노동자'들이다. 이제 이들의 노동은 우리 도시를 유지하는 필수 노동이 되었다고 해도 과언이 아니다. 특히 코로나19 팬데믹 이후로 앱을 통해 당장 먹을 음식을 주문하는 사람의 수가 급증하면서, 소비자뿐만 아니라 자영업자 차원에서도 이들의 노동은 우리 삶을 영위하는 데 있어 필수적인 요소가 되었다.

그런데 이러한 플랫폼 노동자들은 매우 불안정한 형태로 노동에 임하고 있다. 기업에 노무를 제공함에도 서류상으로는 개인사업자로 분류되는 '특수형태근로종사자'라는 애매한 신분 때문이다. 이 모호한 틈은 차량 유지비나 보험료 같은 비용을 노동자 개인에게 전가함과 동시에 퇴직금 같은 노동자들의 안전망을 걷어냈다. 한편 플랫폼은 꾸준히 평점과 배차 수락률을 실시간으로 보여주어, 광고에서 주장하던 '원하는 시간에만 자유롭게 일할 수 있다'는 메시지보다는 '쉬는 순간 밀려날 수 있다'는 불안을 전달한다. 자연스레 노동자들은 마음 놓고 쉴 수 없는 상태에 놓인다.

애초에 이동 노동자들은 편히 앉아 쉴 공간을 찾기 힘들다. 공원 벤치마저 오래 앉아 있기 불편하고 누울 수 없게 팔걸이가 설치되어 있다. 잠시 눕는 것조차 허락하지 않는 이러한 디자인은 '적대적 건축hostile architecture'의 대표적인 예다. 도시 미관이나 안전을 명분 삼아 누군가가 공공공간에 오래 머무르지 못하도록 의도적으로 불편하게 만드는 설계 방식이다.

도로 위가 작업장인 이들에게 사고는 일상이다. 특히 과속과 음주 운전이 많은 야간에는 위험이 더 크다. 배달 라이더의 경우 하루 평균 여덟 명이 다치거나 사망하고 있다.[12] 한편 택배 노동자의 사망사고는 최근 몇 년 사이 네 배 이상 증가했는데, 기사에 따르면 10명 중 7명이 뇌혈관질환이나 심장질환으로 사망했다고 한다.[13] 과로사로 인정되는 대표적인 사인들이다. 이러한 현실이 이들에게 제대로 된 휴식 시간과 휴식 공간이 보장되어야 하는 이유다.

세계는 이미 다양한 실험을 하고 있다. 에스파냐는 이른바 '라이더법Ley Riders'을 통해 배달 라이더의 직접 고용을 의무화했다. 물론 기업들의 저항도 만만치 않아 싸움은 여전히 현재진행형이다.* 한

---

* 에스파냐에서 라이더법이 큰 반발을 불러일으켰고 미흡한 부분이 많은 것은 사실이다. 그러나 변화하는 노동환경에 적극적으로 대응했다는 점에서 의의가 있다는 것은 분명하다. 디지털플랫폼이 현재 광범위한 분야에서 빠른 속도로 성장하고 있기 때문에 노동권과 디지털플랫폼의 관계를 둘러싼 갈등이 오래

편 미국 뉴욕에서는 낡은 신문 가판대를 개조하여 배달 노동자들이 휴식하고 재충전할 수 있는 공간 '스트리트 딜리버리스타 허브 Street Deliverista Hubs'를 조성하고 있다. 이곳에서 배달 노동자들은 휴식을 취하면서 전기자전거나 휴대전화를 충전할 수 있다. 이는 방치되어 있던 공간을 '포용적 디자인inclusive design'으로 되살린 좋은 예다.

이러한 흐름에 발맞추어 우리나라도 변화를 시작했다. 지자체에서 이동 노동자 쉼터를 만들고 편의시설을 갖추고 있다. 이동 노동자 쉼터는 도로 위 노동자들이 잠시라도 쉬고 피로를 풀 수 있도록 마련된 공간이다. 안 그래도 노동자들은 대부분 혼자 일하기 때문에 외로움과 사고에 대한 불안을 온전히 혼자 감당해야 하는데, 쉼터는 이러한 지점에서도 변화를 만들어낼 것이다. 어쩌면 서로의 고충을 털어놓으며 공감대를 쌓을 수 있을지도 모른다.

의미 있는 진전이다. 그러나 대부분의 쉼터가 수도권에 집중되어 있으며 기업보다는 지자체를 중심으로 운영되고 있는데, 24시간 운영하지 않는 곳이 많아 실효성에 한계가 있다.[14] 게다가 증가하는 이동 노동자의 수를 감당하기엔 턱없이 모자란 것이 현실이다.* 아직까지 이동 노동자들에게 「세계인권선언」이 보장하는 쉼

지속될 것으로 보인다.(정인철, 「스페인: 라이더법을 둘러싼 쟁점」, 『국제노동브리프』, 2023년 1월호, 한국노동연구원, 2023년, 66~71쪽.)

* 2023년 플랫폼 종사자는 전년 대비 11.1% 증가한 88만 3000명으로 조사되었으며, 이들은 대부분 개인사업자로 분류되어 노동법의 보호를 받지 못하는 사각지대에 놓여 있다.(김지환, 「'플랫폼 종사자' 88만명으로 11% 증가…커지는 노동법 사각지대」, 『경향신문』, 2024년 8월 5일.)

권리는 다소 먼 나라 이야기다.

플랫폼 노동자들의 경우 사고를 당했을 때 기댈 최소한의 안전망인 산재보험의 문턱조차 높다. 근로복지공단에서는 이들의 노동을 연속된 선線이 아니라 분절된 점點으로 보기 때문이다. '호출'과 '배달 완료'라는 점 위에서 발생한 사고만 인정될 뿐, 점과 점 사이 광활한 공백에서의 위험은 오롯이 개인의 몫이 된다. 그러므로 이러한 충전과 휴식의 기회 마련이 더욱 중요할 수밖에 없다.

당신의 도시는 어떤가. 도로 위에서의 노동이 존중받고 있는가. 도로 위 노동자들은 휴식을 취할 기회를 충분히 보장받고 있는가. 이 질문에 답하는 과정에서 우리 도시의 미래가 결정될 것이다.

웃어야 사는 사람들

감정을 위한 작은 피난처의 필요성

말은 때로 보이지 않는 칼날이 되어 상대의 마음을 깊숙이 베어낸다. 그런데 매일 같은 자리에서 이 칼날을 온몸으로 받아내는 이들이 있다. 낯선 이의 무례, 욕설, 때로는 협박까지도 감당하며 고통을 속으로 삼킨 채 기계적으로 웃고 사과하고 안내하는 사람들. 하루에도 수십 번을 참고 또 참는 이들, 바로 감정 노동자다.

자본주의의 발달은 감정노동을 이전과는 전혀 다른 차원으로 끌어올렸다. 자본이 축적되고 경쟁이 심화되자 기업들은 단지 상품을 파는 것만으로는 충분하지 않다는 사실을 깨달았다. 이제는 고객의 기분까지 관리해야 다시 찾게 만들 수 있었다. 그렇게 '감정'은 철저히 기획되고 관리되는 영업전략이 되었다. 백화점 직원들의 화려하고 세련된 친절함, 항공기 승무원들의 끊임없는 미소, 전화교환원의 부드럽고 친절한 응대가 이 시기 감정노동의 대표적 사례다.

특히 항공 산업 노동자들의 감정노동이야말로 그 전형에 가깝다고 할 수 있다. 주지하다시피 승무원들은 장시간 비행 동안 승객들에게 끊임없이 미소를 보이며 친절을 유지해야 한다. 또 어떤 상황에서도 당황하거나 불쾌한 감정을 드러내지 않고 침착함을 유지해야 한다. 이러한 과정은, 요구되는 감정과 실제 느끼는 감정 사이의 괴리 '감정 부조화emotional dissonance'를 유발한다. 그리고 그렇게 감정과 표정이 따로 노는 시간이 길어지다 보면 결국 자기 자신에 대한 소외가 찾아오고, 자꾸만 감정을 억누른 탓에 몸과 마음은 병들어간다.

최근 항공기 객실 승무원을 대상으로 실시한 조사의 결과가 그 위험을 수치로 보여준다. 최근 1년간 신체적 폭력을 경험한 비율이 10.2%였고 24.9%가 성희롱을 당했으며, 15.2%는 괴롭힘을 당한 적이 있다고 답했다. 심지어 최근 3개월 내 언어폭력을 경험했다고 답한 응답자는 무려 47.2%에 달했다고 한다. 이러한 상황이 정신건강 문제로 이어져 23.4%가 우울감을 호소했으며 21%는 불안감을 호소했다. 이 비율은 전체 노동자 평균보다 몇 배나 높은 수준이다.[15] 수치가 이들의 감정노동이 정신적·신체적 위험을 동반하는 고강도 노동이라고 말해주고 있는 것이다.

오늘날 대표적인 감정노동을 꼽는다면, 역시 1990년대 우리 사회에 등장한 콜센터 상담일 것이다. 고객의 얼굴을 직접 보지 않고 목소리만으로 고객을 응대해야 하는 감정노동. 상대방의 표정을 읽을 수 없어 오해와 불만이 더 쉽게 쌓일 수밖에 없는 노동이다.

그렇기 때문에 상담사는 목소리 톤과 단어 선택 하나하나를 더욱 신경 쓸 수밖에 없다.

그런데 콜센터는 종종 닭장에 비유된다. 칸막이를 사이에 두고 수많은 상담사가 다닥다닥 붙어 앉아 근무하기 때문이다. 그들은 지금도 환기가 제대로 되지 않는 밀폐된 좁은 공간에서 고객의 불만과 폭언을 쉴 새 없이 받아내고 있다. 2020년 서울 구로구의 한 콜센터에서 벌어진 코로나19 집단감염 사건이 이러한 구조적 문제를 여실히 드러낸 사례다. 200여 명이 근무하던 콜센터에서 단 며칠 만에 무려 90명이 넘는 확진자가 발생했다. 노동자들이 좁은 공간에 다닥다닥 붙어 있었기 때문이다.[16] 이 사건은 콜센터 노동자들이 얼마나 취약한 환경에서 노동에 임하고 있는지를 보여주었다. 그러나 당시 사회가 주목한 건 감염자의 숫자였을 뿐, 노동자들의 열악한 노동환경은 그다지 주목받지 못했다. 그리고 지금도 그들은 여전히 아주 좁은 공간에서 감정을 억누르며 하루하루를 버티고 있다.

콜센터, 백화점, 병원의 접수창구, 공공 민원 창구 등 대면 서비스 일터에는 한 가지 공통점이 있다. 폭언과 무례, 모욕을 겪었을 때 마음을 추스를 별도의 공간이 없다는 것이다. 감정을 회복할 여유가 없는 것은 물론 옆자리 동료가 지켜보는 상황에서 울 수도 없다. 마음을 추스르는 일 자체가 사치인 환경인 것이다. 더군다나 대부분의 일터는 감정 노동자들이 호소하는 고통을 단순한 직무 스트레스로 치부하곤 한다. 고객 응대가 끝난 뒤 감정을 내려놓을 수 있는 심리 안정실이 없거나, 짧게라도 조용히 쉴 수 있는 휴게실이 열악한 것은 그래서 자연스러운 일이다. 어초에 잠시 자리를 비울 시간조차 없으니.

필요한 것은 감정노동을 바라보는 사회적 인식의 근본적인 변화다. 고객의 기분을 중요하게 여기는 만큼, 노동자의 감정 역시 존중받아야 한다. 폭언이나 모욕을 개인의 몫으로 떠넘기지 않는 제도적 장치가 마련되어야 하는 것은 당연하고, 동시에 현실적이고 즉각적인 보호막으로서 제대로 된 공간 또한 조성해야 한다. 그 역할이 결코 작지 않기에. 무엇보다 폭언이나 위협적인 상황에 맞닥뜨렸을 때 노동자가 즉시 그 자리를 피할 수 있어야 한다. 고객의 시선으로부터 분리되어 잠시라도 몸을 보호할 수 있는 안전지대가 보장되어야 하는 것이다. 위기를 넘긴 뒤에는 흐트러진 감정을 추스를 공간이 필요하다. 기존의 형식적인 휴게실이 아닌 조도가 낮고 소음이 차단된 심리 안정실 같은 잠시라도 혼자 숨을 고를 수 있는 공간, 말하지 않아도 괜찮고 표정도 숨기지 않아도 되는 공간 말이다. 이러한 공간이 있다는 것만으로도 노동자는 큰 위안을 얻는다.

사실, 이는 비단 감정 노동자만의 이야기가 아니다. 우리 모두 관계와 위계 속에서 매일 감정을 억누르며 살아가지 않는가. 그렇기에 모든 일터는 인간으로서의 존엄을 지켜주는 공간이어야 한다. 사람을 소모품처럼 대하는 사회가 아니라던 말이다. 잠시 멈춰 온전히 나로 돌아올 수 있는 시간과 공간. 그것이 한 사람을 무너지지 않게 한다. 공간의 역할은 결코 작지 않다.

이방인의 자리

임시로 만들어진 공간에 대하여

2020년 12월 20일, 영하 18도까지 떨어져 한파경보가 내려진 경기도 포천의 한 농장 비닐하우스에서 31세 캄보디아 출신 노동자 속헹 씨가 숨졌다. 부검 결과 사인은 간경화 합병증이었다. 일하다 생긴 병을 제대로 치료받지 못한 채 난방이 되지 않는 공간에서 추위에 떨다 안타까운 죽음을 맞이한 것이다. 속헹 씨가 묵던 숙소는 비닐하우스 안에 샌드위치패널로 만든 가건물이었는데, 난방은커녕 찬바람조차 제대로 막지 못하는 공간이었다. 이러한 열악한 환경은 속헹 씨의 죽음이 단순한 병사가 아닌 '사회적 타살'임을 시사했다.*

속헹 씨의 안타까운 죽음 이후 정부와 지자체가 주거 환경 개선

---

* 실제로 2025년 9월 19일, 법원은 속헹 씨의 죽음에 대한 한국 정부의 책임을 인정하지 않은 1심 판결을 뒤집고 유족에게 2000만 원을 배상하라는 판결을 내렸다.(최혜린, 「법원, '비닐하우스 사망' 이주노동자에 "국가가 2000만원 배상하라"」, 『경향신문』, 2025년 9월 19일.)

책을 내놓았다. 현재 비전문취업(E-9) 비자를 받고 우리나라로 온 외국인노동자를 고용하려면 사업주가 정부에 허가를 받아야 하는데(고용허가제), 비닐하우스 안에 가건물을 설치해 숙소로 사용할 경우 고용 허가가 떨어지지 않도록 바꾼 것이다. 그런데 보도에 따르면 여전히 수많은 외국인노동자가 기숙사비 20만 원을 별도로 내면서 비닐하우스 안에서 살아가고 있다. 사업주들이 '기숙사 미제공'으로 서류를 제출한 뒤에 고용 후 불법 기숙사를 제공하고 있는 것이다. 기본적으로 사업주가 비자 연장의 절대적인 권한을 갖고 있기 때문에 노동자들에겐 별다른 선택지도 없다.[17] 이것이 우리 대한민국의 현주소다.

이와 같은 이주노동자의 열악한 주거 환경이 조성된 그 뿌리에, 1993년 시작된 '외국인 산업연수생 제도'가 자리하고 있다. 이 제도의 명분은 그럴듯했다. 개발도상국의 유휴 인력을 우리나라 중소기업 현장에 투입함으로써 우리나라의 기술을 연수시키는 한편, 인력난에 시달리는 중소기업에 인력을 지원해 주며 국가 간 협력을 증진시키자는 취지로 시작된 제도이기 때문이다.

그런데 그 실체는 값싼 노동력 착취를 위한 편법이나 다름없었다. 이주노동자는 「근로기준법」으로 보호받는 '노동자'가 아닌 '연수생'으로 규정된 채 최저임금, 산재보험, 퇴직금은 물론 노동조합을 결성할 권리조차 보장받지 못하는 인권의 사각지대로 내몰렸다. 게다가 정부는 연수생이라는 이유로 이들이 사업장을 마음대로 옮기는 것도 금지했다. 만약 노동자가 부당한 대우를 견디다 못해 사업장을 이탈하면 그 즉시 불법체류자 신분이 되어 추방의 대상이 되었다.

정부가 이처럼 제도적으로 이들을 묶어두자 사업주들은 '기숙사'라는 가장 효율적인 통제 장치를 고안했다. 사업주는 이주노동자들의 여권과 신분증을 '보관'이라는 명목으로 빼앗았고, 노동자들은 공장 부지 안이나 바로 옆에 지어진 숙소에 갇혀 일거수일투족을 감시당했다. 엄격한 통금은 기본이었다. 당시의 기숙사는 쉼터가 아니었다. 노동력을 정해진 장소에 묶어두는 보이지 않는 감옥이었다.

비판이 거세지자 정부는 2003년 「외국인근로자의 고용 등에 관한 법률(약칭 '외국인고용법')」을 제정하고, 2004년부터 '고용허가제'를 시행했다. 이주노동자는 마침내 '노동자'라는 이름을 얻었다. 분명한 진전이었다. 하지만 핵심은 변하지 않았다. 통제의 본질이었던 '사업장 이동의 자유 제한'이라는 족쇄는 그대로 남았다. 노동자들은 여전히 사업주의 허락 없이는 직장을 옮길 수 없다. 비인간적인 숙소, 부당한 대우에 항의하는 순간 모든 것을 잃게 되는 구조는 여전하다. 빚만 떠안은 채 추방될지 모른다는 공포. 그것이 '이주노동자'라는 이름의 무게였다.

물론 경영난과 인력난을 겪고 있는 영세 사업장의 현실도 녹록지 않다. 좋은 숙소를 마련해 주는 것이 벅차다는 항변에도 일리가 있다. 그러므로 외국인노동자의 주거 문제는 개별 사업주의 선의나 능력에 기댈 게 아니라 국가가 적극적으로 개입할 필요가 있는 것이다. 이주노동자를 필요로 하는 산업구조를 만든 것도, 이들을 적극적으로 불러들인 것도 정부가 아닌가 이들이 일을 하는 동안 묵을 숙소에 대한 최소한의 기준을 세우고 시설 개선을 위한 현실적인 지원책을 마련하는 것. 그것이 바로 국가가 해야 할 최소한의 의무다.

여전히 우리 사회는 이주노동자들을 컨테이너나 비닐하우스 같은 임시 공간으로 몰고 있다. 그 공간들은 그 자체로 하나의 선언이다. "당신은 이방인이다." 우리 사회가 생산을 위해 이들에게 의존하는데, 이들은 우리 도시의 시민으로 존재하지 않는다. 지역사회의 일원이 되지 못한 채 그저 바깥을 겉도는 투명 인간으로 존재하고 있다.

근본적인 해결을 위해서는 이주노동자를 통제와 감시의 대상이 아닌 우리 사회 구성원으로 바라보는, 패러다임의 전환이 필요하다. 그들을 위한 공간의 조성이 그 전환의 구체적인 시작이 될 수 있다. 사생활이 보장되는 1~2인실, 다양한 문화가 존중받는 공간, 궁극적으로 지역사회와 쉽게 연결되는 곳에 위치한 보금자리를 제공하는 일이다.

우리에게도 낯선 땅에서 외국인노동자로 살아야 했던 힘겹고 서러운 기억이 있다. 1960년대 가난에서 벗어나기 위해 낯선 나라의 탄광으로 떠나야 했던 파독 광부들. 1970년대 오일 달러를 벌기 위해 중동의 뜨거운 사막 위 컨테이너 막사에서 잠들어야 했던 우리 아버지와 형제들. 그들 모두가 바로 그 시대의 외국인노동자였다.

그런데 그때의 고통스러운 경험을, 우리는 지금 다른 나라에서 온 노동자들에게 고스란히 떠안기며 스스로 역사를 반복하고 있다.

수많은 나라에서 찾아온 다양한 사람들과의 공존을 요구받는 오늘날의 현실 속에서, 우리 사회를 어떤 공동체로 만들지는 먼 곳에서 온 이웃들을 어떻게 대할지에 달려 있다고 해도 과언이 아니다. 결국 한 사회의 진정한 품격은 화려하고 웅장한 건물들이 아니라 약하고 소외된 이웃이 살아가는 공간의 모습에서 드러날 것이다.

3부

모두를 위한

공간은 없다

많은 사람이 이제 누구나 공공장소를 자유롭게 이용할 수 있다고 믿는다. 법적으로 출입이 보장되고 노골적으로 막는 일도 드물어졌으니 평등이 이루어졌다고 생각하는 것이다. 그런데 문제는 단순히 '들어갈 수 있느냐 없느냐'에 있는 게 아니다.

작은 턱이 만드는 큰 장벽

분리를 지우는 일

함께 약속 장소로 이동하던 중 승권 씨의 휠체어가 갑자기 멈췄다. "다들 쉽게 넘는 이 낮은 턱 앞에서, 나는 왜 매번 멈춰 서야 할까요?" 그 말에 우리는 모두 말문이 막혔다. 대부분의 사람이 아무 생각 없이 쉽게 지나는 문턱. 고작 2~3cm, 때로는 1cm가량밖에 안 되는 눈에 잘 띄지도 않는 이 낮은 턱 앞에서 누군가는 멈춰 서고 있다. 이처럼 문턱은 단순한 물리적 구조물을 넘어, 언제나 사람들을 분리하는 큰 장벽이 되어 왔다.

20세기 초 프랑스 인류학자 아르놀드 방주네프Arnold Van Gennep는 인간이 태어나서 죽을 때까지 거치는 몇 가지의 사회적 절차 내지 의식을 '통과의례'로 설명했는데, 문턱을 상징적인 존재로 해석했다. 성인식이나 결혼식을 할 때 문지방을 넘거나 특별한 문을 통과하는 행동을 통해 이전과는 다른 새로운 사회적 지위나 신분을 얻게 된다는 것이다.[01] 방주네프의 해석에 따르면 인간에게 있어 문턱을 넘는 행위는 새로운 세계로 들어선다는 선언이자, 이를 통해 공동체의 정식 구성원으로 인정받는 의례였다. 그런데 이러한 의미를 지녔던 문턱이 현대사회에 접어들며 누군가를 조용히 밀어내는 장치로 바뀌었다. 넘기 어려운 작은 턱을 넘어, 일부 구성원의 사회 참여 자체를 가로막는 높은 벽으로 말이다.

문턱이 심각한 문제가 되는 진짜 이유는, 한 번이라도 문턱에 걸려 넘어지면 그 기억에서 비롯된 두려움이 쉽게 사라지지 않기 때문이다. "다시 넘어지면, 이번엔 끝일 것만 같아." 어릴 적 할머니의 이 한마디는 아직도 내 가슴에 남아 있다. 얼굴에 낙상으로 인한 상처 자국이 뚜렷이 남아 있던 할머니의 그 말은 한 번의 넘어짐이 얼마나 큰 두려움을 안기는지 확연히 보여주었다. 결국 할머니는 방 밖으로 나가는 일 자체를 어려워했고, 이웃 어르신들과의 교류마저 끊기다시피 해 많이 힘들어하셨다. 일상 속 작은 문턱이 사회생활을 방해하는, 넘을 수 없는 커다란 벽이 되는 현장이었다.

비장애인에게는 믿기 어려운 이야기겠지만, 작은 문턱 하나 때문에 중증장애인 명준 씨는 10년 동안 줄곧 집 안에서만 생활하고 있다. 휠체어 앞바퀴가 낮은 턱에 걸려 멈추거나 앞으로 쏠려 넘어지는 일이 반복되면서 외출에 대한 두려움을 떨칠 수 없었기 때문이다. 그런데 집 안에도 작은 턱이 곳곳에 있어 마냥 편하지가 않다. 작은 턱은 일상생활을 불편하게 만들더니, 결국 한 사람을 사회적으로 고립시키고 말았다.

이런 개인적 경험은 통계에도 그대로 드러난다. 휠체어는 네 바퀴가 있어 안정적으로 보이지만, 생각보다 작은 턱이나 경사에 앞바퀴가 걸리면서 넘어지는 사고가 잦다. 한국소비자원의 「휠체어 안전사고 실태 조사」에 따르면, 국내 휠체어 사용자 열 명 중 여섯 명(63.4%)이 휠체어 사용 중 신체에 상처나 부상을 입은 적이 있었고, 그중 두 명(23.6%)은 넘어져서 부상을 당한 경험이 있었다.[02] 더 큰 문제는 이 수치 뒤에 넘어질까 두려워 집 밖으로 나서지 못하는 수많은 사람의 일상이 가려져 있다는 것이다.

앞서 든 사례들을 장애인이나 노인에게만 해당하는 이야기라고 착각해선 안 된다. 예기치 않은 질병이나 사고로부터 자유로운 사람은 없으니 우리 모두에게 닥칠 수 있는 일이다. 그러니 문턱을 없애는 일을 누군가를 특별히 돕는 일로 받아들여서도 안 될 것이다. 지금 얘기하고 있는 것은 모두가 당연히 누려야 할 자유, 마음껏 이동하고 만나며 살아갈 권리에 관한 이야기다.

'턱이 없는 세상'을 위한 노력은 이미 오래전부터 전 세계 곳곳에서 시작됐다. 미국은 일찍이 1968년에 「건축물장벽법Architectural Barriers Act, ABA」을 제정했다. 연방정부의 재정지원을 받아 짓거나 개조한 건축물, 연방정부가 임대한 건축물은 장애인을 포함한 모든 사람이 쉽게 드나들 수 있어야 한다는 내용을 담고 있다. 이에 따라 연방 정부 청사, 국립공원, 학교 등에서부터 문턱이 하나둘 사라지기 시작했다. 그러다 1990년에 「미국장애인법Americans with Disabilities Act, ADA」이 만들어져 이것이 민간 시설에까지 확대 적용되었고, 이로 인해 신축 건물 문턱의 최대 높이는 1.3cm로 엄격하게 제한되었다.*

우리나라도 움직이기 어려운 이들을 위한 길을 만들기 시작했다. 2008년 모든 국민의 안전하고 편리한 시설 이용을 보장하는 「장애물 없는 생활환경 인증제도 시행지침」이 제정된 후 2009년 「교통약자의 이동편의 증진법(약칭 '교통약자법')」에, 2015년엔 「장애인·노인·임산부 등의 편의증진 보장에 관한 법률(약칭 '장애인등편의법')」에 '장애물 없는 생활환경** 인증' 관련 조항이 신설되었다. 본격적으로 BF 인증 제도가 우리 사회에 도입된 것이다. 이제 공공시설에서는 작은 턱까지 모두 심사를 받아야 한다.*** 이것으로 우리 사회가 '편하게 이동할 권리'를 법으로 약속한 셈인데, 현실은 여전히 녹록지 않다. 공공시설이 아닌 건물 및 소규모 사업장, 골목 등에는 여전히 넘기 힘든 턱이 많이 남아 있기 때문이다.

문턱을 없애자는 이야기를 하면 흔히들 물과 소음 문제를 먼저 떠올린다. 욕실 문턱을 없애면 물이 넘쳐흐를 것 같고, 문 아래 틈이 생기면 소리가 쉽게 새어 나갈 것 같다는 걱정이다. 하지만 이미 건축 현장에는 이런 문제를 해결할 방법들이 얼마든지 있다. 욕실

---

* 노후 건축물 리모델링의 경우는 1.9cm까지 허용하는 예외 조항이 있지만, 그것도 턱 높이의 두 배에 달하는 완만한 경사로를 턱 양쪽으로 조성했을 때 한해 허용된다.

** 흔히 '배리어프리Barrier Free, BF'라 한다. 생활에 지장이 되는 물리적인 장애물이나 심리적인 장벽을 없애기 위한 운동이나 정책 혹은 그러한 환경을 말한다. 장애인의 시설 이용을 가로막는 요소를 없애는 뜻으로 널리 사용된다.

*** 2015년 7월 29일부터 국가, 지자체가 신축하는 공공건물, 공중이용시설에 BF 인증이 의무화되었고, 2021년 「장애인등편의법」 개정으로 신축뿐 아니라 증축, 개축 건축물까지 인증 의무 대상이 확대되었다.

바닥에 적당한 경사와 배수구만 잘 만들어도 물이 밖으로 넘치는 일은 거의 없다. 소음 역시 문턱을 만드는 대신 차음 성능이 뛰어난 문이나 벽체를 활용하면 오히려 더 효과적으로 잡을 수 있다. 사실 문턱을 설치하는 쪽이 공사 현장에서는 오히려 더 번거롭고, 작업 시간도 더 오래 걸린다. 그런데도 문턱이 좀처럼 사라지지 않는 것은 '그동안 이렇게 해왔으니까'라는 오래된 관행에 기대고 있기 때문이다. 사소한 불편을 굳이 고치려 하지 않는 무심함이 누군가에게 큰 위험을 강요하고 있는 셈이다. 게다가 문턱을 낮추는 일은 단순히 편의성만 높이는 게 아니다. 누군가 넘어져 다칠 위험도 함께 줄어들기 때문에 장기적으로 보면 낙상 치료와 돌봄 비용을 절감하는, 모두에게 더 경제적이고 합리적인 선택이 된다.

당연한 얘기지만 이런 변화는 실내에만 머물러선 안 된다. 우리가 걷는 도로도 함께 바뀌어야 한다. 인도에 부드러운 경사로를 만들고 횡단보도 앞에는 점자블록과 음향신호기를 설치해 시각장애인이 안전하게 길을 건널 수 있도록 하는 것처럼 말이다. 그런 한편 비가 내려도 물이 고이지 않도록 바닥 경사를 섬세히 다듬어야 한다. 이렇게 거리 이곳저곳을 끊김 없이 연결하면, 집 밖에 나와서도 누구나 편안하고 안전하게 이동할 수 있는 도시가 탄생할 것이다.

우리나라는 이미 초고령사회로 접어들었다. 나이가 들수록 다리 힘이 약해지고 균형감각도 떨어지기 마련이다. 젊었을 때는 전혀 신경 쓰지 않았던 작은 문턱이 노인이 되면 위험이 될 수 있다. 넘어지고 다친 뒤에 "진작 문턱들을 없앨걸" 하고 후회하는 일을 만들

필요가 없다. 지금부터 턱 없는 환경을 위해 법과 제도, 건축 기준을 바꿔야 한다. 그래야 누구나 안전하고 평등한 일상을 누리지 않겠는가.

작은 턱을 없애는 일은 결국 사람의 존엄을 높이는 일이다. 이제 우리는 '문턱을 넘는 의례'가 아니라 '문턱을 지우는 일상'으로, 새로운 길로 나아가야 한다. 어쩌면, 길을 차단하는 턱이 보였을 때 지자체에 제안해 보는 등의 작은 실천이 그 한 걸음이 될 수도 있다. 진짜 변화는 거창한 선언이 아니라 언제나 이와 같은 작은 실천에서 시작되곤 했으니까.

일상에 도달할 권리

이동권이 만드는 포용 도시

"한때는 내 방이 세상의 전부인 줄 알았어요. 지금은 시내버스를 타고 도서관에 갈 수도 있죠. 하지만 아직도 고향에는 혼자 갈 수 없습니다." 휠체어를 사용하는 희선 씨는 매년 명절 가족이 기다리는 고향을 그리워한다. 고속버스나 시외버스는 그에게 열려 있지 않다. 그럼 기차 타면 되지 않느냐고, 종종 사람들이 묻는다. 안타깝게도 우리나라에는 기차가 닿지 않는 작은 동네, 버스를 타야만 갈 수 있는 고향이 수없이 많다. '함께 가는 것' 또한 쉽지 않다. 설령 기차를 탄다고 해도 장애인석은 몇 좌석뿐이라 친구들과 함께 여행을 떠나기가 여간 어려운 게 아니다. 집회에 참여하기 위해 서울로 올라갈 때도 다 함께 기차를 타고 이동하는 건 사실상 불가능하다. 희선 씨와 같은 상황에 놓은 많은 이들에겐 가족을 만나러 가는 일, 친구와 여행을 떠나는 일이 간절한 바람이다. 우리는 물어야 한다. 왜 누군가는 여전히 세상으로 가는 버스를 기다리고 있는가? 오늘날 도시의 주인은 빠르게 걷고 계단을 오를 수 있으며 지하철을 갈아탈 수 있는 사람, 즉 건강한 신체를 가진 이들이다.

20세기 전후 미국의 도시들 또한 노골적인 배제의 공간이었다. 1867년 샌프란시스코에서는 이른바 '어글리 법Ugly Law'이 제정되었다. "병에 걸린 사람, 신체가 심하게 훼손되거나 기능이 손상된 사람, 또는 어떤 형태로든 신체가 기형적이어서 보기 흉하거나 혐오스러운 사람"들은 "거리, 도로, 공공장소"에 출입할 수 없다는 내용이었다. 포틀랜드, 시카고를 비롯한 다른 여러 도시에서도 이와 유사한 법을 채택하여, 이들이 거리나 공공장소에 나타나는 것을 제한하고 구걸하는 행위를 금지했다.[03] 그들은 도시에 어울리지 않는 존재로 간주되었고, 미관과 위생을 해친다는 이유로 도시에서 쫓겨났다.

이처럼 도시에 깊게 박힌 오래된 차별에 균열을 내기 시작한 것은 다름 아닌 차별과 배제의 당사자들이었다. 1960년대 미국 캘리포니아대학교 버클리 캠퍼스. 당시 휠체어를 탄 학생들은 강의실과 도서관, 식당은 물론 화장실에도 자유롭게 접근할 수 없었다. 심지어 휠체어로 접근 가능한 기숙사도 마련되어 있지 않아 캠퍼스 내에 있는 병원을 숙소 삼아 지내야 했다. 조용한 배제 수준을 넘어선 명백한 차별이었다. 결국 그들은 거리로 나섰다.* 그들의 투쟁은

---

* 1960년대 후반 에드 로버츠Ed Roberts를 비롯한 캘리포니아대학교 버클리 캠퍼스의 휠체어 사용 학생들은 기숙사 입주부터 캠퍼스 이동까지 어려움에 직면하자 자립생활을 위한 접근성 개선 운동을 펼쳤다. 이들은 캠퍼스 내 경사로 설치, 장애인 지원 프로그램 신설 등을 이끌어냈고, 이러한 활동은 훗날 미국 장애

단순히 더 나은 조건을 요구하는 것이 아니라 존재를 선언하는 일이었다. 그리고 그 외침은 마침내 1990년 「미국장애인법」** 제정으로 이어졌다. 이 법은 공공기관은 물론 민간이 운영하는 공공 편의시설, 교통수단, 상업 시설 등에서 장애인에 대한 배제 및 차별 행위를 금지했고, 공공 편의시설 내 장애인의 출입을 가로막는 장벽을 제거하게 함으로써 접근성을 높이도록 했다. 법이 공간을 바꾸고 바뀐 공간이 권리를 실현해 낸 결정적인 순간이었다.

우리나라 역시 제도적 변화를 모색했다. 장애인 복지정책의 시작이라 할 수 있는 1981년 「심신장애자복지법」 제정 이후, 2007년에 이르러 장애를 이유로 한 차별을 금지하는 「장애인차별금지 및 권리구제 등에 관한 법률(약칭 '장애인차별금지법')」이 제정된다. 우리 사회는 이 법을 통해 시설물에 대한 장애인의 접근과 이용을 제한하거나 차별해서는 안 된다고 명시했고, 앞서 언급한 대로 2015년 BF 인증 제도 도입으로 장애인이 시설에 접근하고 이용할 수 있는 환경을 실질적으로 보장했다. 게다가 '유니버설 디자인universal design'이란 슬로건 아래 오늘날 많은 지자체가 턱을 없애기 위해 보도를 다듬으며 엘리베이터를 늘리고 있다. 유니버설 디자인은 모든 사용자를 포괄하는 디자인을 이르는 말로, 신체적 조건이나 나이, 성별

인 권리 운동의 기반이 되었다.

** 「미국장애인법」은 1990년에 제정된 연방법으로, 고용, 교육, 대중교통, 공공시설 이용 등 생활 전반에서 장애인에 대한 차별을 금지하고 동등한 권리를 보장한다. ADA는 "장애인의 권리는 시민권"이라는 이념 아래 장애인이 공공 생활의 여러 영역에서 차별받지 않도록 보호하는 포괄적인 법률이다.

등으로 인해 이용에 제약을 받지 않도록 설계한 것을 말한다. 더디지만 우리 사회도 '모두를 위한 공간'을 만들겠다는 사회의 합의를 실천하고 있는 중이다.

그러나 미비점도 많다. 「교통약자법」이 제정된 것이 무려 20여 년 전인 2005년인데, 2023년 기준 전국 시내버스의 저상버스 보급률은 38.9%에 머물렀다. 계단 없이 승하차할 수 있는 저상버스가 열 대 중 네 대도 되지 않는다는 의미다. 그래도 서울은 66.7%까지 올라갔지만, 많은 지방 도시들은 여전히 20~30%대에 그쳤다.[04] 또한 우리의 보도는 여전히 좁고 기울어져 있으며, 그마저도 없는 도로가 너무 많다. 애석하게도 제도의 존재가 곧 접근 가능함을 의미하지는 않았다.

휠체어를 타는 이권 씨는 건축을 전공하고 싶었다. 그러나 지원한 대학의 건축학과 건물은 휠체어로 접근이 거의 불가능했다. 도로는 울퉁불퉁했고 건물에는 계단이 많았다. 경사로가 있긴 했지만 경사도가 너무 가팔랐다. 학교 공간 자체가 그를 밀어내고 있었다. 결국 그는 건축학과가 아닌 사회복지학과를 선택했다. 사회복지학과 건물은 상대적으로 이동이 수월했기 때문이다. 이권 씨를 비롯한 많은 장애인 학생들이 그 길을 택했다. 그들이 꿈보다 먼저 마주한 것은 오를 수 없는 계단과 넘어갈 수 없는 문턱이었다. 건물 하나가 개인의 삶을 결정 짓는 세상. 그것이 지금 우리가 살고 있는 도시다.

다행히 세계적 차원에서 도시의 기준이 서서히 바뀌고 있다. 에

스파냐 바르셀로나는 '슈퍼블록Superblock 프로젝트'를 통해 자동차 중심이었던 거리를 보행자 중심 공간으로 바꾸고 있다. 여러 도시 블록을 하나의 슈퍼블록으로 묶어 차량 통행을 최소화하는 대신 보행자와 자전거, 휠체어가 자유롭게 이동할 수 있는 녹지 중심의 생활공간을 확충하는 것이다. 이렇게 건강하고 친환경적이며 안전한 공공공간을 조성함으로써 도시의 속도를 늦추고 사람들이 머무를 수 있는 공간을 만들며[05] 차가 아닌 사람에게 먼저 말을 걸고 있다.

영국 런던의 지하철은 이제 휠체어와 함께 여행자의 마음도 실을 수 있다. 런던은 '스텝 프리 액세스Step-Free Access 프로젝트'의 일환으로 지하철 역사마다 엘리베이터와 경사로를 설치하고 있다. 이 프로젝트는 계단을 통하지 않고 거리에서 역 승강장까지 이동할 수 있게 만드는 프로젝트다. 장애인뿐 아니라 고령자, 유모차나 캐리어를 끄는 이들까지 모두 문제없이 이동할 수 있도록 만드는 것이다. 런던은 현재 3분의 1 이상의 지하철역에서 완전한 무계단 접근이 가능하며 그 비율이 계속 늘고 있다.[06]

스웨덴 스톡홀름은 아예 도시계획의 중심을 '접근 가능성'에 두었다. '모두를 위한 도시'라는 슬로건 아래 광장과 공원, 노면전차, 버스, 지하철에 이르기까지 모든 공공공간을 모든 시민이 무리 없이 사용할 수 있도록 통합 설계를 하고 있다.[07] 아이부터 노인까지, 이동하는 속도와 방식이 다른 모든 사람을 고려하여 공간을 다시 그리는 것이다. 이는 존재의 동등함을 보장하는 공간의 재구성이라 할 수 있다.

이처럼 이동권은 단순히 휠체어가 지나갈 수 있는 길을 뜻하는 게 아니다. 자유롭게 학교에 갈 권리, 일터로 향할 권리, 장을 보거나 연극을 감상하고 친구를 만나러 갈 권리가 바로 이동권이다. 그러므로 그것은 '일상'에 도달할 권리다. 교육을 받고, 일을 하고, 인간다운 생활을 하기 위한 모든 권리도 결국 그 일들이 이루어지는 장소에 닿을 수 있을 때에야 비로소 존재하는 것이 아니겠는가.

차별은 아주 작고도 매우 일상적인 모습으로 우리 삶에 스며든다. 그렇다면 도시를 설계할 때 가장 먼저 해야 하는 것은 도면을 작성하는 일이 아니라 질문을 던지는 일이어야 한다. "이 공간은 누구에게 낯선가?" 그리고 그 질문을 진지하게 마주할 때 우리 도시는 비로소 존엄으로 세워질 것이다. 이제, 우리 도시를 다시 그릴 시간이다. 가장 천천히 움직이는 사람의 속도로, 가장 낮은 시선으로. 그런 노력이 도시의 경계를 허물고 누군가의 삶을 다시 이어줄 것이다.

공공건축물의 배리어프리

모두를 위한 공공

시민 모두가 매일같이 이용하는 공공건축물은 어떨까. 대호 씨는 주민센터에 갔다가 또 입구에서부터 막막해졌다고 했다. 경사로가 너무 좁아 휠체어를 돌리는 게 무척이나 힘들었기 때문이다. 여러 번 앞뒤로 휠체어를 움직여 겨우 방향을 잡은 대호 씨는 그래도 그날은 운이 좋은 날이었다고 말했다. 평소 경사로 앞까지 차들이 주차돼 있어 아예 올라갈 엄두도 못 낼 때가 많았기에……

공공건축물에서 이런 문제는 흔하다. 경사로가 설치되어 있더라도 주 출입구에서 멀리 떨어져 있거나 건물을 크게 돌아가야만 닿을 수 있는 곳에 위치한 경우가 많다. 어떤 건물은 휠체어 사용자가 주차장 한가운데로 차들 틈을 빠져나와야 겨우 진입할 수 있다. 이것은 사실상 '불편과 위험을 감수하라'는 신호다. 공공건축물의 민낯은 이렇듯 형식적인 배리어프리로 가려져 있고, 장애인의 동선은 늘 뒷전으로 밀려왔다.

공간은 한 사회가 품고 있는 가치관을 비추는 거울이다. 20세기 중반까지만 해도 미국에서는 흑인과 백인이 다른 문으로 출입했다. 강력한 인종 분리 정책으로 공공장소, 교통수단, 교육시설 등에서 흑인과 백인의 영역을 강제로 분리해 놓고 아프리카계 미국인의 출입구, 좌석, 화장실 등의 사용을 제한한 것이다. 이것이 1965년까지 미국 남부 주들에서 시행된 이른바 '짐크로Jim Crow법'이다. 당시 미국 사회가 얼마나 차별이 심했는지 알 수 있는 대목인데, 이 시기엔 공원조차도 누군가는 머무는 것이 허용되지 않는 차별의 공간이었다. 공간은 이런 방식으로 늘 선을 그어왔다. "당신은 여기 설 수 없다." 그런데 과거의 그림자 같은 이 조용한 목소리가 지금도 우리 곁에 남아 있다.

아무리 그래도, 공공건축만큼은 모두에게 편안한 공간이 되었으면 좋겠다. 사람들은 공공건물이라고 하면 주로 구청이나 시청을 떠올리지만, 사실 우리가 매일 이용하는 공간 대부분이 공공건축물이다. 동네 도서관, 지하철 역사, 공영 주차장, 국공립 어린이집, 보건소, 문화센터, 체육관까지 우리의 일상 어디에나 '공공'이 있다. 우리가 매일 드나드는 이 많은 공공공간이 과연 누구나 머물기 편한 공간인지 다시 생각해 봐야 할 때다.

프랑스 사회학자 피에르 부르디외Pierre Bourdieu는 "공간은 권력이 확고하게 서고 행사되는 곳"08이라고 말했다. 다시 말하면 공간이 사회의 권력과 위계를 드러내는 정치적인 장치라는 의미다. 실제로 그래왔다. 우리 주변의 건축물들도 다양한 형태와 구조로 오랫동안 사람의 행동을 은근히 제약하고 통제해 왔다.

근대 유럽의 공공기관 역시 웅장한 기둥과 높은 돌계단을 통해 시민들이 권력을 경외하고 스스로 위축되도록 만들었다. 일제강점기의 조선총독부 청사 또한 압도적인 규모와 위압적인 구조로 일제의 권력을 과시함과 동시에 그 앞에 선 조선인들을 위축시켰다. 문제는 오늘날에도 공공건축물이 사용자의 편의가 아니라 발주기관과 그 권위를 대변하는 설계에 따라 만들어지는 경우가 많다는 것이다. 시민의 예산으로 시민을 배제하는 공간을 만드는 아이러니가 아닐 수 없다.

이런 문제점을 개선할 때는, 단순히 몇몇 구조물을 고치려고 하기보단 공간을 바라보는 시선을 근본적으로 바꿀 필요가 있다. 해외의 여러 도시에서는 이미 설계 단계에서부터 '모두를 위한 공간'을 원칙으로 삼고 비장애인 중심의 사고에서 벗어나려고 노력하고 있다. '장애인이 불편하지 않게'가 아니라 '장애가 문제가 되지 않게' 설계하는 방식인데, 사후에 문턱의 높이를 낮추는 것이 아니라 처음부터 문턱이라는 장벽을 만들지 않겠다는 자세다.

수차례 말했듯, 우리나라에도 공공건축물의 접근성을 높이기 위한 법과 제도가 마련되어 있다. BF 인증 제도처럼 장애인과 노약자, 어린이 등 모두를 고려한 기준도 존재한다. 그러나 휠체어가 회전할 수 없는 좁은 복도, 항상 잠겨 있는 장애인 화장실, 손이 닿지 않는 창구가 너무 많은 것을 보면 현실은 그다지 바뀌지 않았음을 쉽게 알 수 있다. 기술이나 예산의 부족 때문일까. 아니다. 결국 문제는 공간을 대하는 우리의 태도에 있다. 사용자의 불편을 진심으로 이해하지 않으면 첨단기술도 소용없다.

그저 공연을 보러 가는 일, 은행에 서류를 내는 일, 친구를 만나러 가는 일. 누구에게는 아무렇지 않은 이런 상황들이 누군가에게는 철저한 준비가 필요한 긴장되는 순간이다. 엘리베이터가 점검 중은 아닌지, 장애인 화장실이 잠겨 있진 않은지, 계단을 이용하지 않고도 접근할 수 있는 경로가 있는지 매 순간 확인해야 한다.

"밖에선 물도 밥도 안 먹어요. 이용 가능한 화장실을 찾기가 어려워서요. 실수라도 하면 감당할 자신이 없어요." 이런 고백은, 누군가는 편히 누리는 일상이 누군가에겐 엄청난 불안을 동반하는 일임을 보여준다. 봄날 창밖에 꽃이 피고 햇살이 눈부시게 쏟아져도, 어떤 이는 집 밖으로 나서지 못하고 창가에 멈춰 선다. 문은 열려 있는데, 마음은 쉽사리 따라나서지 못한다.

배리어프리는 누구도 배제되지 않는, 누구나 자연스럽게 머물고 움직일 수 있는 공간에 대한 약속이며, 몇 가지 물리적 기준의 충족이 아니라 사용자의 시선에서 출발하는 설계로 완성될 것이다. 모든 BF 인증 건물에는 실제 사용자 중심의 시뮬레이션이 필수화되어야 하며, 공간 기획 초기부터 장애인, 노인, 감각 민감자 등 다양한 시민의 의견을 반영하는 회의와 설계가 이루어져야 한다. 시민은 불편을 기록하고 설계자는 이를 수렴하며 정책결정자는 현실을 반영한 기준을 만들어야 한다. 이러한 과정이야말로 우리 사회

가 조금 더 성숙한 단계로 나아가고 있다는, 조용하지만 가장 분명
한 증거가 될 것이다.

모두의 미술관

시각장애인의 감상법

전맹全盲 미술 감상자 시라토리 겐지白鳥建二 씨는 선천적 시각장애인이다. 어릴 때는 눈앞에서 손을 흔들면 빛과 그림자의 움직임 정도는 어렴풋이 느낄 수 있었으나, 중학생 무렵부터는 전혀 볼 수 없게 되었다. 이런 그에게 미술관은 오랫동안 '자신과 무관한 공간'이었다. 전시는 '보는 것'이고 자신은 볼 수 없으니 자연스럽게 발을 들일 이유가 없다고 여긴 것이다.

그런데 시라토리 씨가 일본복지대학교에 재학 중이던 어느 날, 좋아하던 여자 친구가 미술관에 가고 싶다고 말했다. 시라토리 씨는 미술관에 가본 적이 없었지만 데이트하기 딱 좋겠다는 생각에 함께 가자고 제안했고, 그녀가 흔쾌히 받아들여 처음으로 미술관을 찾게 되었다. 그렇게 처음 경험한 전시는 〈엘리자베스 2세 컬렉션: 레오나르도 다빈치 인체해부도 특별전〉이었다. 시라토리 씨는 동행한 여자 친구의 설명을 들으며 작품을 느끼고 상상했다. 그러면서 그는 깨달았다. 볼 수 없어도 작품과 만날 수 있다는 것을. 그 날 이후 그는 직접 미술관에 전시 설명을 요청하며 여러 미술관을 다녔다. 눈으로 보는 대신 손끝의 촉감과 상상 그리고 대화를 통해 작품을 경험하는 방식을 배워나갔다.[09]

다만 시라토리 씨가 만난 미술관은 예외적인 경우다. 대부분의 공공공간은 여전히 '보는 사람'과 '듣는 사람'을 기준으로 설계되고 있다. 음식점과 카페의 키오스크는 작은 글자로 복잡한 메뉴를 보여주며 빠른 선택을 강요하고, 지하철 안내 방송은 자막 없이 흘러가며, 도서관의 정보 검색대는 손끝으로 느낄 수 있는 피드백을 주지 않는다. 시라토리 씨 같은 이들은 이러한 공간 안에서 언제나 불편한 손님으로 머물러야 한다.

감각의 차이를 배려하지 않는 문제는, 점점 무인화되는 도시 환경에서 더욱 심각해지고 있다. 병원, 영화관, 마트, 지하철역 등 어디를 가도 키오스크가 사람을 대신한다. 그리고 그 대부분이 시각과 청각을 기본값으로 삼는다. 기술은 빠르게 진보하지만 그 혜택에서 배제되는 사람은 여전히 존재한다.

근대에 이르러 산업혁명과 함께 도시는 다시 한번 시각 중심의 구조를 강화했다. 대량생산과 표준화가 이루어지면서 무엇이든 빠르게 구분하고 관리하는 것이 사회의 중요 과제가 되었다. 이 과정에서 '보는 것'은 정보를 가장 빠르고 효율적으로 받아들이는 수단으로 자리 잡았고, 점차 도시는 '볼 수 있는 사람'을 기준으로 설계되었다. 다른 감각으로 세상을 느끼는 사람들이 자연스레 소외되기 시작한 것이다. 그렇게 만들어진 오늘날의 도시 시스템 역시 특정 감각을 전제로 작동하고 있고, 다른 감각으로 세상을 이해하는 사람에게 여전히 말을 건네지 않고 있다.

그렇다고 우리 사회에 변화의 움직임이 없는 것은 아니다. 2024년 서울시립미술관은 시각장애인과 비장애인이 함께하는 대화형 감상 프로그램 〈나란히 보는 미술관〉을 진행했다. 평소 함께할 기회가 많지 않던 시각장애인과 비장애인이 각자의 감각으로 작품을 보고 만지면서 작품을 감상하고 의견을 공유했다. 무엇보다 이 프로그램이 의미 있던 것은, 시각장애인을 전시의 감상자이자 참여자로 초대함으로써 그들에게 '작품 곁에 존재하는' 경험을 제공해 주었다는 것이다.* 처음부터, 누구나 다양한 감각으로 작품과 만날 수 있도록 설계되었기에 가능한 일이었다.

시라토리 겐지 씨는 지금도 미술관을 찾아 손끝으로 작품을 느끼고, 동행자와 나눈 대화를 통해 상상으로 작품을 감상하고 있다. "미술 작품 감상 방식은 늘 변하고 있다. 과거에는 많은 정보를 모아서 적극적으로 이해하고 감상하려 했다면 현재는 점점 함께 보는 즐거움이 메인이 됐다. 미술을 좋아하는 사람들과 같이 소통하

---

* 사례는 이뿐만이 아니다. 서울시립미술관은 2021년 시각장애인과 함께 촉각, 청각 등 다양한 감각을 활용해 전시를 감상하고 각자 마음에 그린 '이야기의 모양'에 대해 이야기를 나누는 프로그램 〈갤러리 토크: 이야기의 모양〉을 운영했다. 또한 서울시립 미술아카이브에서 2024년 한 해 동안 열린 〈2024 SeMA-프로젝트 A: 촉감의 공간, 촉감의 리듬〉은 촉각 중심의 설치 작업을 통해 '만질 수 있는 전시 경험'을 확장하며, 시각장애인을 포함한 모든 관람객이 작품을 온몸으로 느낄 수 있도록 설계되었다.

는 시간이 즐겁다."[10] 그는 작품을 '보는' 사람이 아니다. 작품 곁에 '존재하는' 사람이다.

우리는 모두 다른 방식으로 세상을 느낀다. 누군가는 빛으로, 누군가는 소리로, 또 누군가는 손끝의 감각으로 세상을 받아들인다. 모두 함께 살아가는 도시를 꿈꾼다면 보는 이, 듣는 이 그리고 그 외의 다른 방식으로 느끼는 이까지 모두가 환영받는 공간을 함께 만들어야 한다.

존엄이 흔들리는 순간

마음대로 화장실에 갈 수 없다면

상상해 보라. 기본적인 생리현상인 배설을 제대로 할 수 없는 환경을. 만약 그런 사회가 있다면 그 사회는 결코 인간의 존엄을 지킬 수 있는 사회는 아닐 것이다.

승권 씨를 처음 만났을 때, 점심시간이 되었는데도 그는 밥을 먹지 않겠다고 했다. "밥을 먹으면 화장실에 가고 싶어질 수 있잖아요. 그런데 갈 수 있는 화장실이 없어요." 그는 물도 거의 마시지 않았다. 목이 말라도 혹시 화장실이 급해질까 봐 참았다. 사람이 가진 가장 기본적인 욕구마저 해결할 수 없는데, 그를 정녕 도시의 일부라고 할 수 있을까. 그렇게 도시는 조용히 그를 밀어내고 있었다.

해선 씨가 직면한 현실은 더한층 가혹했다. 그도 휠체어를 타는데, 혼자서는 화장실을 이용할 수 없어 항상 활동 지원사의 도움이 필요하다. 그런데 간신히 화장실에 도착해도 문이 너무 작았고 내부가 좁아 휠체어를 돌리기도 힘들었다. 게다가 안전 손잡이 위치가 어정쩡해 몸을 지탱할 수 없었고, 활동 지원사가 직접 무거운 몸을 안아 변기로 옮겨주어야 했다. 해선 씨는 매번 무릎을 꿇고 허리를 굽히면서 팔과 다리를 조심스럽게 움직이여야 했다. 화장실에 가는 일은 두 사람 모두에게 불안과 긴장의 연속이었고, 고통이었다. 이 도시는 누구를 위해 설계된 것일까. 가장 사적인 공간이면서 동시에 모두가 접근할 수 있어야 하는 공공공간인 화장실. 어떤 사람이 그 공간에 들어갈 수 없다는 건 그 사회가 그 사람을 받아들이지 않는다는 뜻일 수밖에 없다. 그리고 그 순간 인간의 존엄이 흔들린다.

19세기 런던에서 화장실은 모두를 위한 공간이 아니었다. 남성은 길거리에서 쉽게 화장실을 이용했지만 여성은 집을 떠나면 참아야 했다.[11] 당시 도시설계에서 여성의 외출 자체가 고려되지 않았기 때문이다. 20세기 미국에서는 흑인들이 그 문턱 앞에 멈췄다. 미국의 흑인 여성 수학자 캐서린 존슨Katherine Johnson의 삶을 다룬 영화 〈히든 피겨스Hidden Figures〉에는 캐서린*이 하루에도 여러 번 800m나 떨어진 유색인종 전용 화장실을 오가는 장면이 나온다. 이를 알게 된 상사 알 헤리슨**이 결국 화장실 표지판을 부수며 말한다. "유색인종 화장실은 없어. 백인 화장실도 없고. 그냥 화장실만 있을 뿐이야."

---

* 타라지 헨슨이 연기했다.
** 가상의 인물로, 케빈 코스트너가 연기했다.

오늘날 그 자리에는 장애인이 서 있다. 장애인을 위한 화장실이라는 표지판은 있다. 그러나 문이 잠겨 있어 열쇠를 요청해야 하거나 공간이 좁아 휠체어로는 들어갈 수 없는 경우가 허다하다. 과거여성과 흑인 혹은 하층민이 멈춰 섰던 그 자리에, 지금 장애인이 서 있다. 공간은 바뀌지 않았고 배제의 방식도 달라지지 않았다. 승권 씨는 말했다. "저는 급하면 그냥 집에 가요." 그 한마디에 담긴 건 존엄을 지켜주지 않는 도시를 향한 조용한 거부였다.

인권은 대개 큰 차원에서 논의된다. 투표권, 표현의 자유, 노동권……. 그런데 실상은 이렇게 작고 일상적인 곳에서 인간의 존엄을 시험받는다. 화장실도 못 가는 마당에 거창한 인권 선언문이 무슨 소용일까.

우리가 만들어야 할 화장실은 누구나 자연스럽게 들어갈 수 있고 안에서 편안하게 몸을 움직일 수 있는 공간이어야 한다. 누구에게 요청하거나 설명하지 않아도 이미 준비된 공간, 자연스럽게 모든 이를 포용하는 공간이어야 한다. 그것이 진짜 '무장애'다.

세계의 흐름은 이미 달라지고 있다. 일본은 오래전부터 전국적으로 '배리어프리 화장실バリアフリートイレ' 정책을 펼쳤다. 휠체어 이용자는 물론 유모차를 끄는 보호자나 기저귀를 교체해야 하는 부모, 배뇨장애나 장루*를 가진 사람들까지 화장실을 편히 사용할 수 있

---

* 장의 문제로 인하여 정상적인 배변을 할 수 없는 경우 대변 배출을 위해 장의 일부를 복벽에 연결하여 인공적인 배설구를 만드는데, 이것을 '장루腸瘻'라 한다.

도록 설계한 것이다. 넓은 회전 공간, 안전 손잡이, 기저귀 교환대, 비상벨이 기본으로 갖춰져 있는 다기능 화장실이 역, 공원, 백화점 등 일상 공간에 자연스럽게 자리 잡았다.

영국은 2000년대 중반부터 '체인징 플레이시스 화장실Changing Places Toilet' 캠페인을 통해 대형 쇼핑몰, 박물관, 기차역 등 주요 공공 시설에 특수 화장실을 도입했다. 높낮이 조절 침대, 전동 호이스트, 넉넉한 회전 공간이 마련되어 있어 중증장애인이나 활동 지원사 를 동반한 이용자들도 안전하게 화장실을 이용할 수 있다. 이들 도 시는 화장실을 단지 위생 시설로만 보지 않는다. 도시에서 누가 배 제되는지 화장실 문 앞에서 가장 분명하게 드러나기 때문이다.

상호 씨는 얼마 전 집회에 참석했다가 식사 후 갑자기 화장실이 급해졌다. 하지만 주변을 둘러봐도 휠체어로 들어갈 수 있는 화장 실은 어디에도 없었다. 집회가 열린 거리에는 상호 씨가 이용할 수 없는 간이 화장실만 있었고, 인근 상점이나 건물 화장실은 매우 비 좁거나 계단을 이용해야 했다. 결국 그는 스십 분을 돌아다니다 근 처 공공기관 건물에서 겨우 화장실을 찾았다. 초조함에 몸이 점점 굳어졌고 두려움이 엄습하며 수치심까지 느껴졌다. 다른 이들이 자유롭게 외치고 걷는 거리에서 그는 몸을 지킬 공간 하나를 찾지 못하고 조용히 그곳을 떠나야 했다.

모든 공간을 한꺼번에 바꿀 수는 없을 것이다. 그러나 시청, 구청, 도서관, 지하철역처럼 시민 누구나 이용하는 공공이 먼저 선언하 고 먼저 달라져야 한다. 또한 공공공간은 무엇보다 먼저 존엄을 실현해야 한다. 장루를 가진 이들이나 중증장애인처럼 복잡한 도움이 필요한 사람도 주저 없이 들어설 수 있어야 한다. 수치심을 느끼는 대신 존엄을 지킬 수 있는 구조, 부탁하거나 설명하지 않아도 이미 준비된 공간, '모두'를 위한 화장실. 그렇지 않은 장소 혹은 닫힌 문 앞에서는, '함께'라는 말도 허울뿐인 약속밖에 될 수 없다.

감각의 피난처

신경다양성 시대의 공간

사람은 눈과 귀, 코, 피부 같은 감각기관을 통해 자극을 받아들이고, 그 신호는 신경을 따라 뇌로 전달되어 '해석'된다. 이 과정은 우리가 의식하지 못하는 사이에 아주 복잡하게 이루어진다. 같은 자극을 받더라도 누군가는 아무렇지 않게 넘기고 누군가는 버거울 만큼 민감하게 반응하는 이유도 여기에 있다. 감각이란 단순히 감각기관의 자극 수용이 아니라 그 자극을 해석하고 의미를 부여하는 과정이므로 자극을 받아들이는 사람마다 다를 수밖에 없는 것이다.

차이가 자극 그 자체에 있는 것이 아니라 그 자극을 처리하는 방식에 있다 보니 감각 민감성을 지닌 사람들은 때때로 세상이 지나치게 밝고, 지나치게 시끄럽고, 지나치게 빠르다고 느낀다. 마치 수많은 악기가 무질서하게 동시에 울려 퍼지는 것처럼, 감각이 서로 얽히고 쏟아져 안팎의 질서가 한순간에 무너진다. 그래서 누군가는 형광등 불빛에 눈을 찌르는 듯한 고통을 느끼는 것이다. 그런데 애석하게도 오늘날 강한 자각에 민감하게 반응하는 사람들은 '예민하다' 혹은 '이상하다'라는 말을 들으며 점점 구석으로 밀려나고 있다. 우리 사회가 감각의 다양성을 인정하기보다는 오히려 특정 감각만을 '정상'으로 치부하며 그 밖의 모든 차이를 문제 삼고 있는 것이다.

그런데 그동안 그렇게 '비정상'이라고 믿어온 감각과 반응, 행동 양식이 정말 문제가 되는 것이었을까? 그 물음에 답하려 한 사람이 있었다. 바로 오스트레일리아의 사회학자 주디 싱어Judy Singer다. 1990년대 후반 주디 싱어는 자신의 경험과 연구를 바탕으로 '신경다양성神經多樣性, neurodiversity'이라는 개념을 제시했다. 신경다양성은 인간의 신경계와 인지 방식은 단일한 것이 아니라 다양한 양상을 지닌다는 관점으로, 주디 싱어는 자폐스펙트럼을 질병이나 결함으로만 이해할 것이 아니라 인간 두뇌의 자연스러운 신경적 차이로 받아들일 필요가 있다고 주장했다. 주디 싱어는 이렇게 물었다. 우리는 왜 어떤 신경적 특성은 '정상'이라 부르고, 다른 것들은 '이상'이나 '장애'로 취급하는 걸까? 왜 세상을 다르게 느끼고 반응하는 방식이 곧장 '고쳐야 할 문제'가 되어야 하는가? 그녀는 말했다. 자폐, ADHD, 학습장애, 감각 민감성 같은 특성은 결함이 아니라 세상을 다르게 경험하는 방식이며 인간 다양성의 일부라고.[12] 누군가의 감각과 반응이 다르다는 이유만으로 배제하지 않고 그 다름을 하나의 존재 방식으로 받아들이자는 제안이다.

과거엔 장애를 결함이나 부족함으로 여겼다. '무엇이 안 된다' '정상처럼 행동하지 못한다' 같은 이유로 그 사람을 고치거나 훈련시켜야 한다고 생각했다. 오늘날에도 그러한가. 그렇지 않다. 점점 더 많은 사람들이 문제는 몸이 아니라 환경에 있다고 주장하고 있다. 휠체어를 사용하는 사람이 계단 앞에서 멈춰야 한다면 그건 몸의 문제가 아니라 계단이라는 환경이 문제라는 것이다. 감각도 마찬가지다. 빛에, 소리에, 냄새에 민감한 감각을 문제 삼을 것이 아니라 그러한 감각을 포용하지 못하는 우리 사회를 돌아볼 필요가 있는 것이다. 불편을 만드는 건 개인의 감각이 아니라 저마다 다른 감각을 배려하지 않는 구조이다. 세상이 감각의 다양성을 기준으로 다시 설계된다면 이러한 다름은 더 이상 문저도, 장애도 아니게 된다.

그래서 오늘날 인권 연구자들과 장애 당사자들은 감각적 특성을 존중받을 권리, 감각적으로 안정된 환경에서 살아갈 권리에 대해 말하기 시작했다. 세상이 정한 하나의 기준에 모두를 맞추는 대신 사람마다 감각이 다르다는 전제를 사회가 먼저 받아들여야 한다는 것이다. 실제로 미국의 대형 유통 체인 타겟Target이나 월마트Walmart는 조명과 음악을 줄인 '감각 친화 쇼핑 시간대'를 운영하고 있다. 형광등 불빛이 강하거나 음악 소리가 큰 환경에서는 쇼핑이 힘든 사람들이 있기 때문이다. 이런 조정 하나하나가 자극에 민감한 사람들이 공간에 '존재'할 수 있게 만든다.

영국에서도 공공시설을 설계할 때 신경다양성을 고려하기 시작했다. 학교나 박물관, 병원 등 일상적인 공간에서 조명, 소리, 냄새 같은 감각 요소를 세밀하게 조정해 누구든 편안하게 머물 수 있도록 하는 감각 친화 설계를 하고 있는 것이다. 영국 런던의 자연사박물관은 자폐나 ADHD를 지닌 이들과 그 가족들을 위해 조명을 낮추고 자극을 줄인 '조용한 아침 프로그램'을 운영한다.* 미국 뉴욕의 자연사박물관도 〈디스커버리 스쿼드 투어Discovery Squad Tours〉라는 프로그램을 운영해 자극에 민감한 어린이들이 보다 조용하고 안정적인 환경에서 전시를 경험할 수 있도록 돕고 있다.

우리나라에서도 이러한 흐름에 따라 곳곳에서 변화가 시작되고 있다. 국립중앙박물관 어린이박물관에는 감각 자극을 최소화한 콰이어트룸quiet room이 마련되어 있다. 낯선 공간이나 복잡한 전시 환경에 지친 아이들이 조용한 곳에서 마음을 가라앉히고 다시 천천히 관람을 이어갈 수 있도록 돕기 위해서다. 서울시 뇌병변장애인 비전센터는 스노젤렌실snoezelen room을 조성했다. 이 공간은 빛, 소리, 촉감 자극을 스스로 조절할 수 있게 설계되어 있어 불안이나 긴장이 높은 이들이 안정을 취하며 회복할 수 있는 감각의 피난처가 된다. 광주광역시의 '라라꿈터'와 '도담노닐터'는 발달장애 아동을 위한 감각 친화 놀이 공간이다. 빛과 소리 자극을 줄이고 감각이 민감한 아이들도 편안하게 놀 수 있도록 설계되었다. 무엇보다이 두 공간은 아이들이 직접 참여한 디자인 워크숍을 통해 만들어졌다. 아이들은 자신에게 어울리는 놀이 공간이 어떤 모습이어야

---

* 현재 자연사박물관에서는 일반 개관 전 아침 시간에 신경다양성 아동들이 편안하게 공룡 전시를 관람할 수 있게 하는 프로그램 〈Dawnosaurs: Relaxed Morning Visit〉과 조용한 오전 시간대에 박물관을 즐길 수 있는 프로그램 〈SENDsational Mornings at Tring〉을 운영 중이다.

하는지를 스스로 표현했다.

감각 친화적인 공간은 이처럼 조명과 소리, 재료 하나하나를 조심스럽게 다듬어서 조성한다. 눈을 찌르는 형광등 대신 부드러운 간접조명이, 천장과 벽엔 소음을 품어주는 천이 덧대어진다. 이런 공간에선 빛과 소리가 갑자기 쏟아지지 않고 조용히 다가와 머문다. 어두운 조명 아래에서 편안함을 느끼는 사람이 있고 소리가 거의 없는 곳에서야 비로소 숨을 고를 수 있는 사람이 있으니까.

이처럼 감각 친화적인 공간을 마련하려는 움직임이 있는 것을 보면, 우리 사회가 감각의 다양성을 조금씩 받아들이기 시작한 듯하다. 그럼에도 민감한 감각, 신경다양성을 고려한 공간 설계는 아직 선택의 영역에 머물러 있다. 감각이 민감한 아이를 키우는 지인이 어느 날 아이의 감각 차이 때문에 자주 위축되고 긴장하게 된다고 털어놓았다. 예측하기 어려운 소리나 낯선 환경 앞에서 아이는 언제나 불안해했고, 타인에게 이를 이해받기 위해서는 병원에서 진단서를 떼야 했다. 그리고 우리 사회는 지원에 앞서 증명을 요구했다. 다름 아닌 '장애'라는 이름의 증명을 말이다. 그는 이렇게 말했다. "그저 우리 아이가 있는 모습 그대로 받아들여지길 바랐던 것뿐인데, 사회는 항상 증명을 먼저 요구했어요." 감각이 조금 다르다는 이유로 아이가 넘어야 할 장벽이 무수히 많았다.

공간이 이렇게 말해주었으면 좋겠다. 감각이 달라도 괜찮다고. 여기는 누구든 편안히 머물 수 있는 곳이라고. 그것이 진짜 사람을 위한 공간이 아닐까.

격리와 수용의 공간, 시설

자립하며 살아갈 권리를 찾아서

2022년 제2회 탈시설장애인상을 받은 동철 씨는 장애인 거주 시설에서 30년을 넘게 살다 '탈시설'을 외치는 활동가들의 투쟁*을 보고 용기를 내어 마침내 시설 밖으로 나왔다. 시상식에서 그는 혼자서 큰 마트에 가고 운동화와 옷을 사고 영화도 본다며 시설에서 나와 좋다고 말했다.[13] 짧지만, 스스로 찾아낸 '자기 결정권'이라는 존엄의 본질이 담긴 말이었다.

이제 그는 어디에서 살고, 누구와 시간을 보내며, 어떤 삶을 살아갈 것인지 스스로 선택할 수 있다. 이것은 단순히 집을 옮긴 일이 아니다. '선택할 수 있는 권리'를 되찾은 일이다. 참고로 선택할 수 있는

---

* 2020년 12월, 장애인 거주 시설 신아재활원의 거주인과 직원들 사이에서 신종 코로나19 집단 감염이 발생했다. 이에 전국장애인차별철폐연대는 신아재활원 앞에서 기자회견을 열고 "코로나19 팬데믹 상황에서 장애인 시설의 집단적인 수용 정책은 감염의 위험을 높여 거주인의 생명과 안전을 위협하고 있다"며 "장애인의 생명과 안전, 자유와 인권을 보장할 수 있도록 '긴급 탈시설' 정책이 필요하다"고 목소리를 높였다.(김유림, 「장애인단체 "집단감염 신아원 긴급탈시설 이행해야"」, 『뉴스핌』, 2021년 1월 25일.)

권리는 개인의 소망 차원이 아니라 국제사회에서 보장하고 있는 권리다. 「UN 장애인권리협약」 제19조에는 모든 장애인이 지역사회에서 살아갈 권리, 자신이 어디에서 누구와 살지를 결정할 권리 그리고 일상생활을 위해 지역 기반의 지원을 받을 권리가 명시되어 있다.

하지만 장애인은 막상 시설을 떠나 새로운 삶을 시작하려고 하면 현실적인 장벽과 마주한다. 가장 먼저 부딪히는 문제는 역시 살 집을 구하는 일이다. 이들은 경제적인 부담뿐 아니라 편견이라는 보이지 않는 벽까지 넘어서야 한다. '장애인이 혼자 살 수 있겠냐'는 의심 어린 시선에 입주가 어렵다는 말을 듣기 일쑤다. 이런 경험이 반복되면 결국 시설로 다시 돌아가거나 쪽방이나 반지하 같은 열악한 곳에 머물게 된다.

어렵게 집을 구한다고 해도 탈시설한 장애인의 고민은 거기서 끝나지 않는다. 시설에서 정해진 시간표대로 움직이며 누군가의 관리 속에서 지낸 터라 모든 일상이 낯설다. 이제는 매일 뭘 먹을지 스스로 결정해야 하고, 생활비는 물론 전기료나 수도료 같은 공과금까지 모든 것을 혼자 책임져야 한다. 지역사회에 친구나 지인이 없다 보니 고립되기 쉬운 데다 몸이 아파도 혼자 병원을 찾아가야 한다. 갑작스러운 사고나 위급 상황이 발생했을 때 어디에 도움을 구해야 하는지도 스스로 알아내야 한다. 이 모든 것들이 시설에서 긴 세월을 보내고 이제 막 나온 이들에게는 막막하고 두려운 일이 될 수밖에 없다. 장애인의 탈시설은 단지 시설에서 나오는 게 아니다. 안정적인 주거와 경제적 문제, 사회적 관계 형성부터 위기 대응 시스템까지 꼼꼼히 준비해야 가능한 일이다.

만순 씨도 같은 길을 걸었다. 유년기에 시설에 들어가 49년 동안 시설에서 지낸 만순 씨는 처음엔 시설을 벗어나는 것이 두려웠다. 하지만 노들장애인야학에서 공부를 하고 공공 일자리에서 일하면서 삶이 완전히 바뀌었다. 자립할 용기가 생긴 것이다. 만순 씨는 마침내 2021년 7월 시설에서 나왔고, 지금은 스스로 빨래를 하고 혼자 마트에서 물건도 사면서 평범한 일상의 기쁨을 누리고 있다고 한다.[14] 그의 밝아진 표정과 적극적인 삶의 태도에서 알 수 있듯, 탈시설은 단지 집을 옮기는 일이 아니라 자신의 삶을 만들어가는, 즐거움을 찾는 과정이다.

장애인이 시설을 나와 살게 되면 가족의 일상도 달라진다. 시설에서는 면회 시간에만 잠깐 만나고 헤어져야 하지만, 시설을 나온 후에는 함께 마주 앉아 밥을 먹고 그날 있었던 일을 도란도란 나누는 소소한 일상을 보낼 수 있게 된다. 또한 동네 사람들과 어울려 지낼 수도 있다. 비슷한 경험을 한 어느 부모에게 이런 말을 들은 적이 있다. "우리 아이의 표정이 밝아진 게 가장 큰 변화예요. 처음에는 걱정도 많았는데, 이제 아이가 당당하게 이웃과 어울리는 모습을 보면 너무 좋아요." 시설을 벗어난 삶은 당사자뿐 아니라 그 가족 모두에게 새로운 시작이 된다.

이런 평범한 일상이 우리 사회의 장애인들에겐 여전히 특별하다. 장애인이 지역사회에 섞여 살아가는 일도 아직 흔치 않고 많은 이들에게 낯설게 받아들여지고 있다. 이는 장애인을 사회로부터 분리하고 시설에 가두는 정책과 그로 인한 잘못된 인식이 오랜 시간 뿌리내려 왔기 때문이다. 실제로 이 땅에 대규모 장애인 수용시설이 본격적으로 자리 잡은 것은 일제강점기다. 당시 조선총독부 의원의 격리병동은 의료시설이라기보다는 정신질환자 및 발달장애인들의 감금 및 수용시설에 가까웠다.[15] 이러한 장애인 격리 정책은 해방 이후에도 지속되었다.

장애인을 사회에서 격리하고 시설에 수용하는 건 우리나라만의 일이 아니었다. 오래전부터 여러 나라에서 장애인과 정신질환자를 사회에서 분리하고 격리하는 정책이 광범위하게 시행했다. 19세기 중반 영국은 지적장애인을 시설에 수용하여 치료해야 할 대상으로 여겨 곳곳에 시설을 세우고 1만여 명의 지적장애인을 수용했다.[16] 한편 비슷한 시기 미국에서는 사회운동가 도로시아 딕스Dorothea Dix 이렇게 방치된 장애인과 정신질환자들의 인권을 보호하고 상황을 개선하겠다는 목적으로 주 정부를 설득하여 전국적으로 병원을 세우는 운동을 벌였다.[17] 하지만 시간이 지나면서 병원이 본래의 의도와 다르게 변질되었다. 환자 수가 점차 늘어나면서 병원이 과밀 상태가 되자 치료나 돌봄보다는 관리와 통제 중심으로 운영됐다. 이후 장애인과 정신질환자뿐만 아니라 빈민, 노숙인, 알코올의존자처럼 사회가 불편하게 여기던 사람들까지 수용의 대상으로 확장되었다. 사회문제를 사회 시스템 안에서 해결하려 하기보다는 보이지 않는 곳에 격리하는 것이 더 쉽고 빠르다고 판단했을 터다. 결국 도로시아 딕스가 인권 보호를 위해 세웠던 병원은

오히려 인권을 침해하는 장소로 바뀌고 말았다.[18]

이러한 역사적 흐름에 대해, 프랑스 철학자 미셸 푸코는 『광기의 역사』에서 장애인과 정신질환자를 시설에 수용했던 정책의 본질을 날카롭게 지적했다. 안전과 보호의 공간이 아니라 오히려 격리하고 통제하려는 목적에서 만들어진 시설. 이는 결국 사회가 불편해하는 존재를 눈에 띄지 않게 만들고, 치료라는 명목으로 그들에게 순응을 강요하는 것이었다.[19] 이런 배제와 통제의 논리 속에서 시설 중심의 정책은 오랜 세월 유지될 수 있었다.

푸코가 분석한 '통제를 위한 공간 구조'는 우리 사회에서도 통용되었다. 일제강점기 조선총독부가 시행한 수용시설 중심의 관리 정책은 1970년대 산업화 시기에도 유지됐다. 당시 정부는 부랑인, 장애인, 정신질환자, 고령자 등 이른바 '비생산 인구'를 사회의 중심에서 배제하고, 격리와 통제를 위해 시설에 가두는 방식을 택했다.* 2024년 말 기준 시설에 거주하는 장애인 약 2만 6987명.[20] 이것이 그 결과다. 자유로운 외출이 불가능하고 지역사회와 자연스레 교류할 수 없는 이들이 여전히 이렇게나 많다.

2025년 울산 북구 태연재활원에서 발생한 장애인 폭행 사건은 시설 중심 정책이 오늘날에도 얼마나 심각한 인권침해를 낳고 있

---

* 1975년 12월 15일 내무부는 부랑인을 단속·수용·보호할 목적으로 「부랑인 신고, 단속, 수용, 보호와 귀향 및 사후관리에 관한 업무처리지침(내무부 훈령 제410호)」을 발령했다. 이 훈령에서 '부랑인'의 범주는 광범위하여 자의적으로 해석될 소지가 컸고, 실제로 적법한 절차 없이 단속 및 수용이 이루어지며 인권침해로 이어졌다. '한국의 아우슈비츠'로 불리는 형제복지원 역시 이 훈령을 근거로 대규모 강제수용을 행했다.

는지 적나라하게 보여준다. 한 달 동안 CCTV에 기록된 장애인 폭행은 890건에 달했고 피해자는 29명에 이르렀다. 한 피해자 어머니는 자신의 아들이 양쪽 따귀를 사정없이 맞았다며 울분을 토했다. 심지어 다른 거주 장애인의 갈비뼈가 골절되어 경찰이 CCTV 녹화 영상을 확인했다가 발견한 사실이었다. 이 사건을 계기로 장애인 당사자들은 정부 청사 앞에서 농성에 나섰다. 그들은 "장애인도 시설이 아닌 지역사회에서 시민으로 살고 싶다"라고 외치며 시설 중심 시스템의 근본적인 변화를 강력히 요구했다.[21] 시설의 폐쇄적인 환경은 그 자체만으로도 인권을 침해할 수 있다. 장애인의 존엄과 권리를 위해 시설 중심이 아닌 지역사회 중심으로의 전환은 반드시 이뤄져야 한다.

미국에선 1960~1970년대 탈시설 운동이 전개됐고, 1990년 「미국장애인법」 제정과 함께 장애인들은 지역사회에서 자립하며 살 권리를 기본 권리로서 보장받게 되었다. 1977년 설립된 자립생활연구활용센터Independent Living Research Utilization, ILRU는 이러한 탈시설 흐름에 맞춰 지역사회 기반 자립 정책을 실질적으로 뒷받침하는 핵심 기관이다. 각 지역의 자립생활센터Center for Independent Living, CILs와 주 단위로 운영되는 주 자립생활위원회Statewide Independent Living Council, SILCs에 연구, 교육, 기술 등을 지원하며** 장애인의 자립이 실

** CILs는 기술 훈련, 권리 보호, 정보 제공 등 장애인 당사자 중심의 서비스를 지원하고, SILCs는 주 단위의 자립생활 정책 기획, 자원 활용 방향 수립 등의 역할을 한다.

현될 수 있도록 노력하고 있다. 한편 오스트레일리아는 국가장애 보험제도National Disability Insurance Scheme, NDIS를 시행하여 장애인이 자신에게 필요한 지원을 직접 계획하고 선택할 수 있도록 하고 있다.[22] 이 제도는 장애인을 수동적인 보호 대상이 아니라 스스로 삶을 결정하는 주체로 인식하고 있다고 볼 수 있다.

미국과 오스트레일리아처럼 장애인의 지역사회 자립을 적극 지원하는 해외 사례를 통해 우리가 배워야 할 점은 분명하다. 우리도 시설 중심에서 지역사회 중심으로 장애인 정책의 패러다임을 전환할 때다. 최근 들어 서울시를 비롯한 여러 지자체에서 '지원주택' 모델을 통해 시설에서 나온 장애인이 지역사회에서 안정적으로 생활할 수 있도록 지원하고 있다. 서울시 장애인 지원주택의 경우 현관 및 욕실의 문턱을 제거하고 안전 손잡이, 음성 인식 가스차단기 등 장애인 편의시설을 갖추었으며, 주거 코디네이터가 개인별 장애 특성을 고려한 맞춤형 서비스까지 제공하고 있다.[23] 다만 장애인 지원주택이 충분히 공급되지 못하고 있는 데다가, 장애인을 지원하는 활동 지원사의 수도 턱없이 부족한 실정이다.

지인의 활동 지원사는 이렇게 말했다. "중증장애인에게는 24시간 활동 지원이 절실한데, 실제로 하루에 배정되는 시간은 고작 몇 시간뿐이에요. 그 몇 시간이 끝나고 나면 밥을 먹는 일조차 혼자서 할 수 없고 화장실에 가는 것도 고민해야 해요. 누군가에겐 당연한 하루가, 누군가에게는 너무 벅찬 거죠." 밥을 먹고 화장실에 가는 일조차 어려운 현실에 '혼자 사는 삶'이 과연 가능할까.

탈시설에 성공하려면 단지 시설을 나와 살아갈 공간을 얻는 것만으로는 부족하다. 집 안뿐 아니라 집 밖의 지역사회 전체가 장애인을 맞이할 준비가 되어 있어야 한다. 병원과 약국, 마트처럼 매일 이용하는 시설과 공원, 도서관 같은 여가 공간, 저상버스와 지하철까지 장애인이 자유롭게 드나들 수 있어야 한다. 그래야 비로소 도시는 '우리' 동네가 될 것이다.

지역사회만 준비되면 장애인들도 자연스레 이웃과 만나고 관계를 맺을 수 있다. 동네 축제를 준비하거나 봉사활동 같은 공공 활동에 참여하면서 장애인과 비장애인이 자주 얼굴을 마주친다면, 처음엔 어색하더라도 그렇게 함께 보내는 시간이 늘어나 이름을 기억하고 서로 인사를 건네는 관계가 된다면, 장애인들은 지역사회의 구성원이 되었다는 소속감을 얻을 수 있을 것이고 비장애인은 장애인과의 만남을 통해 자신도 모르게 갖고 있던 편견을 덜어낼 수 있을 것이다. 그리고 결국 이러한 작은 변화들이 우리 지역사회를 더 따듯하고 포용적인 곳으로 만들 것이다.

이런 상상을 현실로 만들기 위해서는 장애인 정책 수립 과정에 장애인 당사자가 반드시 참여해야 한다. 그래야 장애인이 일상에서 겪는 현실적인 어려움을 정확히 파악할 수 있기 때문이다. 정책은 책상 위의 논의가 아니라 바로 그 삶을 살아가는 사람들의 목소리에서 시작되어야 한다.

재난 속 불평등

장애인을 위한 안전설계의 중요성

2022년 8월 서울 은평구의 한 다세대주택에서 화재가 발생했다. 그날 새벽 4층에는 시각장애인 A 씨가 홀로 있었다. 2층에서 시작된 불길은 순식간에 건물 전체로 번졌다. 다른 거주민들은 급히 대피했지만 앞을 보지 못하는 A 씨는 미처 빠져나오지 못했다. 소방대원이 A 씨를 구조해 심폐소생술을 실시하며 급히 병원으로 옮겼지만, 그는 결국 사망했다. 그런데 그가 지내던 원룸의 현관문에 손자국이 가득했다고 한다. 탈출하려고 애쓴 그의 흔적이 선명히 남은 것이다.[24] 매캐한 연기 속에서 필사적으로 현관까지 도달한 뒤 문을 열지 못하고 그 앞에서 쓰러진 것으로 추정된다.

A 씨의 안타까운 죽음은 이미 우리 사회가 여러 번 반복해 온 비극이다. 같은 해 여름 서울 신림동의 반지하주택에서도 장애인 가족이 폭우로 목숨을 잃었다. 순식간에 밀려든 물은 계단을 통해 집 안으로 들이쳤고, 출입문은 수압 때문에 열리지 않았다. 도움을 요

청하며 문을 두드렸지만 물이 이미 집 안에 가득 차 주변 사람들도 쉽게 접근할 수 없는 상황이었다. 구조대가 현장에 도착했을 때는 이미 늦은 뒤였다.[25] 재난은 누구에게나 닥칠 수 있지만, 이처럼 그 피해는 늘 취약한 상황에 놓인 사람들에게 더 가혹하게 다가온다.

19세기 중반 런던에서 콜레라가 대유행했을 때, 중산층 이상의 시민들은 옥내 배관시설로 안전한 물을 공급받아 피해를 줄일 수 있었지만 오염된 강물과 공중 펌프에 의존하던 빈민가 주민들은 큰 피해를 입었다.[26] 1912년 타이타닉호 침몰 사고에서도, 1등칸 승객의 생존율은 60%가 넘었던 반면 3등칸 승객의 생존율은 25%에 불과했다. 1~2등칸 승객들은 갑판 가까이에 있어 재빨리 탈출할 수 있었던 데 반해, 3등칸은 선수나 선미 쪽에 위치한 탓에 갑판으로 나오려면 미로 같은 복도를 헤매야 했다. 그러는 사이 물이 선실로 차올랐고 구명보트는 동이 난 것이다.[27] 재난이 닥쳤을 때 구조 과정에서 상대적으로 불리한 위치에 놓이는 계층은 늘 존재해 왔고, 오늘날 그 자리에는 장애인이 있다.

2021년 국민권익위원회 조사에 따르면, 전국 재난대피소 가운데 80% 이상이 휠체어 사용자가 접근하기 어려운 구조였다. 2022년 서울시에서 실시한 모의 대피 훈련에서는 청각장애인을 위한 수어 통역이 제대로 제공되지 않았고, 시각장애인을 위한 피난유도선이 설치되지 않아 장애인이 대피하기 어려운 상황이 벌어졌다고 한다.[28] 관공서에서 실시한 훈련에서조차 장애인이 소외된 것이다.

너무나 당연한 얘기지만, 장애인들도 위급한 상황에서 주체적으로 판단하고 움직이며 구조를 요청할 수 있어야 한다. 그러나 대부분의 재난 계획은 장애인을 '누군가가 구조해 줄 때까지 기다려야 하는 존재'로만 인식하고 있다. 이것은 재난 상황에서조차 장애인의 자율성과 선택권을 존중하지 않는 사회적 편견이 반영된 결과다. 이제 재난 대응의 기준은 '얼마나 빠르게 대피할 수 있는가'는 물론 '모두가 평등하게 안전할 수 있는가'에도 맞춰져야 한다.

장애인은 '보호의 대상'이 아니라 '동등한 권리를 가진 시민'이라 법적으로 가장 먼저 선언한 나라는 미국이었다. 미국 정부는 1990년 「미국장애인법」 제정을 통해 공공시설과 교통, 일터는 물론 재난 대응 체계에 이르기까지 장애인이 배제되지 않도록 구조를 바꾸라고 사회에 요구했다. 우리나라도 뒤늦게 법적 기반을 마련했다. 2005년 「교통약자법」이 제정되고 이후 「장애인등편의법」과 건축 관련 개별 법령과 연계되면서, 장애인 편의시설 설치는 점차 '권고'를 넘어 법적 '의무'로 자리 잡게 되었다. 이를 위반하면 처벌과 제재가 뒤따른다. 법률은 공공시설과 교통수단은 장애인을 포함한 교통약자가 이용할 수 있어야 한다는 원칙을 명시하고 있으며, 이러한 원칙은 대피 공간 등 피난시설에까지 적용되었다.

당연히, 대피 계획만으로는 충분하지 않다. 재난 상황에서 생존 여부는 그 공간의 여건과 직결된다. 출입구의 높이, 계단의 위치, 문턱 하나까지도 위급한 순간에는 생존을 좌우하는 결정적 요소가 된다. 특히 장애인의 안전은 건축설계와 도시계획의 영향을 크게 받을 수밖에 없다. 잘 설계된 계단, 낮추거나 없앤 문턱, 쉽게 접근할 수 있는 출입구는 재난 상황에서 생존 가능성을 높인다. 그래서 우리나라도 건축설계 기준을 법으로 정하고 있다. 「건축물의 피난·방화구조 등의 기준에 관한 규칙(약칭 '건축물방화구조규칙')」에는 계단의 너비부터 피난구의 구조, 방화문의 성능까지 세세하게 규정되어 있다. 하지만 이 기준도 휠체어나 보조기기를 사용하는 사람, 계단을 오르기 힘든 사람, 감각적 자극에 긴감한 사람과 같은 다양한 조건을 가진 사람들에 대한 고려는 아직 부족한 상태다.

이런 구조적 한계를 지닌 사회에서 발생할 수 있는 문제가 그대로 드러난 사건이 있다. 2011년 규모 9.0의 거대한 쓰나미를 동반한 대지진이 일본 동북부를 강타했다. 이로 인해 흐쿠시마 원자력발전소에서 대형 사고가 발생했고 일본 사회 전체가 뒤흔들렸다. 이 참혹한 재난 속에서 가장 먼저, 가장 많이 목숨을 잃은 사람들은 장애인이었다. 실제 피해가 집중된 미야기현의 장애인 사망률은 전체 주민 사망률의 약 1.92배, 이와테현은 약 1.19배, 후쿠시마현은 약 1.16배로 나타났다.[29]

당시 장애인을 위한 대피 시스템은 사실상 부재했다. 많은 장애인이 정보 부족, 이동 불가, 접근 불가능한 대피소 등으로 인해 사망하거나 고립되었다. 이후 그 참사의 교훈이 제도화되기까지 무려 10년의 시간이 걸렸다. 일본 정부는 사고 이후 점진적인 논의와 시범 사업을 거쳐, 2021년 「재해대책기본법災害対策基本法」을 개정했고, 장애인 등 '피난행동요지원자'에 대한 개별 대피계획 수립을 전국 지자체가 적극적으로 추진해야 한다는 내용을 명문화하며 법

적 책무로 만들었다.[30]

경보음을 듣지 못한다고 위험을 감지하지 못하도록 설계된 도시라면 그 자체로 이미 차별이 아닐까. 재난은 언제나 예고 없이 닥친다. 그리고 누구도 신체적 조건이 영원히 지금과 같을 거라고 장담할 수 없다. 지금은 아무것도 없이 혼자 걸어 다녀도 내일은 보행 보조기나 휠체어를 사용하게 될 수 있는 것이 우리 삶이다. 그러므로 장애인을 위한 재난 안전 설비는 우리 사회 구성원 전체의 권리를 보장하는 일이 될 것이다.

재난은 언제나 가장 취약한 사람들을 먼저 덮쳐왔다. 그런데 그런 상황에서도 소외되는 이들이 없어야 진정으로 공정한 도시가 아닐까. 이제 재난 계획도 '모두'의 안전과 생존을 추구해야 할 때이다.

'표준'이라는 허상

다양성을 품은 공간을 꿈꾼다

"평균적인 사람은 아무도 없다." 미국의 발달심리학자 토드 로즈 Todd Rose는 저서 『평균의 종말』에서, 인간을 평균값으로 대표할 수 있다는 오래된 믿음을 정면으로 반박한다.[31] 그는 평균이란 살아 있는 인간이 아니라 단지 수치의 산물일 뿐이라그 말한다. 평균 키, 평균 체중, 평균 소득. 이런 수치들은 개인을 대변할 수 없다는 의미다. 그런데도 우리는 도시를 계획하고 사회의 규범을 만들 때 이 허상을 이용한다.

평균이 표면적으로는 모두를 위한 것 같지만, 실제로는 특정한 신체를 대변할 뿐이다. 두 다리로 걷고, 계단을 오르며, 소리를 잘 듣고, 빠르게 반응하는 신체. 이를 우리 사회가 '보통'이라 규정하는 바람에 그 범주에서 벗어난 사람은 공간의 사용자가 아닌 '예외적인 방문자'가 되거나 공간에서 아예 배제되었다.

허상에 가까운 표준이 도시를 어떻게 설계해 왔는지 분명하게 보여주는 사례가 있다. 바로 프랑스 건축가 르 코르뷔지에Le Corbusier 의 '모듈러Modulor'다. 르 코르뷔지에는 20세기 가장 영향력 있는 건 축가 중 한 사람이었다. 그는 '건축은 인간의 삶을 바꾸는 도구'라 고 믿었고, 도시를 기능적이고 질서 있게 재편해야 한다고 주장했 다. 좁은 골목과 낡은 주거지를 철거하고, 햇빛과 공기가 잘 통하는 고층 주거 단지를 만들고자 했던 그의 생각은 전 세계 도시계획에 큰 영향을 미쳤다. 그리고 그는 편안한 공간을 만들기 위한 건축과 도시설계에 있어 인간의 신체를 기준으로 삼는 것이 중요하다고 생각했다. 그렇게 만들어진 것이 모듈러이다.

모듈러는 인체의 비례를 바탕으로 만든 표준이자 척도였다. 그런 데 여기에는 전제가 있다. 바로 183cm다. 르 코르뷔지에의 모듈러 는 183cm의 신장을 가진 사람을 기준으로 만들어졌는데, 이 수치 가 정해진 데는 특별한 이유가 있다. 모듈러 설계 당시 동료 피Py가 "영국의 탐정소설을 보면 경찰관처럼 멋진 사람은 보통 6피트이지 않습니까?"[32]라고 말한 것이다. 르 코르뷔지에는 곧바로 6피트, 약 183cm를 표준치로 적용해 보았다. 그러자 피트-인치 체계가 나머 지 없는 깔끔한 숫자들로 변환되는 것이다. 이후 르 코르뷔지에는 신장 183cm를 모듈러의 기준으로 삼았다. 그러니까, 아주 건장한 백인 남성의 신장을 기준으로 이상적 비례를 만들어낸 것이다.

르 코르뷔지에는 이를 기준으로 사람이 팔을 위로 뻗었을 때의 길이, 눈높이, 무릎, 배꼽, 발끝의 위치까지 수치화했다. 여기에 황 금비와 피보나치수열 같은 수학적 조화를 더해 건축과 도시설계에 사용할 수 있는 보편 단위를 만들었으니, 그 결과가 바로 모듈러다. 이때 정해진 문, 계단, 천장, 창문, 손잡이, 가구의 규격을 전 세계 수많은 건축가와 도시를 설계하는 이들이 받아들이면서 '표준'이 만들어지게 되었다. 당연히 이 이상적 인간의 기준에는 여성도, 아이도, 노인도, 장애인도 포함되지 않았다. 사회적 중심에 있던 계층이 만들어낸 이 기준이 '표준'이라는 이름으로 공간 전체를 설계하게 되었고, 오직 하나의 신체가 모든 공간의 출발점이 되었다. 그때부터 그 외의 몸은 본격적으로 공간의 바깥으로 밀려나기 시작한 것이다.

건축이나 도시설계를 할 때 이렇게 특정한 존재를 기준으로 삼게 되면, 그 상상에 포함되지 못한 사람들은 자연스럽게 공간에서 배제될 수밖에 없다. 발을 멈추게 하는 계단, 닿지 않는 버튼. 그런 공간 속 구조는 그들에게 끊임없이 속삭일 것이다. "여긴 너를 위해 만들어지지 않았어." 그때 사람들은 자신이 '예외'였음을 눈치챌 것이다.

도시가 반드시 누군가를 기준 삼아 설계되어야 하는 것은 아니다. 처음부터 모든 사람을 염두에 둔 공간 설계도 가능하다는 사실을 보여주는 사례가 있다. 바로 핀란드 헬싱키의 중앙도서관 '오디 Oodi'다. 오디 도서관은 모든 이용자가 불편함 없이 이용할 수 있는 공공공간을 지향했다. 그래서 시민들이 건물 디자인 심사에 직접 참여하고, 도서관의 이름 역시 시민 공모로 결정하는 등 건립 과정에서부터 시민의 의견을 적극적으로 반영했다.[33] 이러한 노력 덕분에 누구도 배제하지 않는, 접근성이 높은 도서관이 탄생했다. 출입구는 휠체어 사용자를 고려해 평탄하고 넓게 만들었고, 시각장애인이 이동 동선을 파악할 수 있도록 특별한 소재로 바닥 마감을 처리했다. 각 층에 촉각 지도와 점자 표지판을 설치했으며 필요한 경우 휠체어를 빌릴 수도 있다.[34] 누구나 참여할 수 있는 것이 '기본'이기 때문에 장애인을 위한 별도의 프로그램을 마련하지 않았다는 오디 도서관은 오늘날 헬싱키 시민들이 자랑하는 공간으로 자리매김했다.[35]

물론 모든 것이 완벽할 순 없다. 그럼에도 자신의 존재를 구태여 설명하지 않아도 되는 공간, 존재 자체로 환영받는 장소를 꿈꿀 필요가 있다. 아직 도달하지 못했지만 만약 우리가 지향해야 하는 도시가 있다면, 꼭 그런 모습일 것이다.

4부

교실의 배신

교실은 단순히 지식을 습득하는 공간이 아니다. 한 사회가 다음 세대에게 어떤 세상을 물려주고 싶은지 보여주는, 윤리적 의미를 지닌 공간이다. 「대한민국헌법」 제31조 제1항에서는 "모든 국민은 능력에 따라 균등하게 교육을 받을 권리를 가진다"라고 명시하고 있다. 그런데, 여기에서 말하는 '능력'과 '균등'은 무엇을 뜻할까?

학생들이 만드는 학교

교육으로서의 공간

“저희 아지트 좀 만들어주세요!”

학교 공간 작업을 하다 학생들을 만나면 초등학생이든 고등학생이든 선생님 몰래 꼭 하는 말이다. 학생들은 학교에 공부를 하는 공간뿐 아니라 편하게 쉬고 잠깐 눈도 붙일 수 있으면서, 친구와 눈치 보지 않고 이야기를 나눌 수 있는 아지트 같은 공간이 있기를 원한다. 설계자로서 이렇게 학생들의 목소리를 직접 들을 수 있다는 건 참 감사한 일이다. 학교 시설을 건축할 때는 주로 교육청 시설관리 부서, 학교 행정실과 소통하며 진행하기 때문에 정작 학생들의 의견은 듣기 힘들기 때문이다. 그런데 최근 들어 공간을 사용하는 당사자들이 공간 조성에 직접 참여하는 프로젝트들이 진행되면서, 학생들도 학교 공간 조성에 대해 직접 의견을 낼 기회가 생기고 있다. 반가운 변화다.

이호진 교수에 따르면, 우리나라의 근대적 학교 건축이 시작되는 시점에 근대적 학교를 세우려던 서양의 선교사들은 꽤나 학교 교육과 건축에 조심스럽게 접근했다. 그런데 일제의 식민 지배가 본격화되면서 우리의 학교는 한순간에 식민 통치의 도구로 전락했다. 학교는 학교의 운영자가 교사와 학생들의 행동을 감시하는 데 유리한 일자형 건물로 세워졌고, 교장실 앞쪽에 놓인 높은 단과 그 좌우로 넓게 펼쳐지는 큰 운동장은 교사와 학생들을 한자리에 모아놓고 통솔하기 좋은 권위주의적 형상을 띄었다. 이러한 일제의 학교 설계는 해방 후로도 반세기 이상 지속되어 왔다. 게다가 한국전쟁 이후에는 급증하는 학생 수에 '어떻게 하면 많은 학생을 수용할 수 있는가'가 학교 건축의 당면 과제가 되었고, 이후 1980년대까지는 건축·유지 비용을 줄이는 것이 사실상 학교 건축의 제일 목표였다.[01] 이러한 역사적 흐름 속에서 배제된 존재가 있으니, 다름 아닌 학생을 비롯한 학교 공간의 사용자들이다.

그렇다면 오늘날 우리의 학교는 어떠한가. 딱딱하고 획일적인 모습에서 벗어났을까. 공장에서 찍어내기라도 한 듯 비슷한 형태의 건물들을 보면 학생들의 다양성을 반영하기는커녕 여전히 학생을 '수용'하는 데 급급해 보인다. 왜 학교는 여전히 이런 방식으로 지어질까. 물론 예산을 이유로 들 수도 있겠지만, 보다 근본적인 원인으로 '학교 공간에 대한 교육철학적 접근'이 부족했다는 점을 꼽고 싶다.

학교는 학생들이 민주사회 시민으로서 올바른 가치관과 인성을 기르는 매우 중요한 공간이다. 이런 관점에서 학교라는 공간 자체를 학생들에게 다양한 가치를 전달하는 또 하나의 교과서라 할 수 있다. 건물의 외형뿐 아니라 교실의 배치, 자연과의 연계 등 모든 요소가 학생들에게 자연스럽게 메시지를 전달하기 대문이다. 실제로 이탈리아 레지오 에밀리아Reggio Emilia 지방의 교육가 로리스 말라구지Loris Malaguzzi*는 아이들에게 세 명의 교사가 있다고 말하며, '성인' '다른 아이들' 그리고 '그들이 놓인 물리적 환경'을 꼽았다. 그만큼 공간이 아이들에게 큰 영향을 미친다는 것이다. 같은 맥락으로, 학교는 그 자체로 학생들의 가치관 형성에 직접적인 영향을 미치는 교육적 요소로 인식되어야 한다. 학교 공간에 근본적인 변화가 필요한 이유가 바로 이것이다.

무엇보다 그 변화는 이제 학교의 주체인 학생들과 함께 만들어나가야 한다. 학생을 민주사회의 시민으로 성장시키기 위해서는 자신과 관련된 일에 의견을 내고 결정 과정에 참여하며, 권리와 책임을 경험하는 일이 중요하다. 그런 의미에서 학교 공간을 새롭게 만들어가는 과정에도 공간의 사용자가 될 학생들을 참여시킬 필요가 있는 것이다.

다행히 최근 이러한 가치에 기반하여 민주적인 학교 공간을 만들기 위한 여러 사업이 추진되고 있다. 서울특별시교육청에서 진행 중인 '꿈을 담은 교실' 프로젝트를 비롯해, 각 시도별 교육청에서 진행하고 있는 '학교 공간 혁신 사업' '고교학점제 공간 조성 사업' 등

---

* 로리스 말라구지는 아동을 풍부한 잠재력을 가진 학습의 주체로 보았고, 다동이 놀이와 탐구, 타인과의 관계를 통해 스스로 배우고 성장할 수 있는 학습환경을 중시했다. 그는 이러한 교육철학을 바탕으로 제2차 세계대전 이후 부모들과 함께 '레지오 에밀리아 접근법Regcio Emilia Approach'을 만들었다.

이 대표적이다. 이러한 시도 덕분에 그저 책을 빌리거나 읽는 딱딱한 공간이었던 학교도서관이 토론과 소통의 열린 공간으로 바뀌고 있고, 학생들의 아이디어를 접목한 다목적 활동 공간이 만들어지고 있다. 또한 자신이 듣고 싶은 과목을 골라 듣는 고교학점제에 맞춰 토론형 교실, 개별 학습공간, 가변형 다목적 교실 등 다양한 형태의 교육 공간이 새롭게 조성되고 있다. 행정가, 교사는 물론 학생들까지 함께 의견을 나누며 공간을 만드는 '사용자 참여 설계'가 점차 확산되고 있는 것이다.

물론 여전히 많은 학교의 의사결정 과정에서 학생들의 참여가 형식적인 절차에 그치는 경우가 적지 않다. 게다가 입시 중심의 경쟁적 교육 환경이 학업성취와 성적 향상에만 초점을 둔 공간 배치를 우선하게 만들다 보니, 학교 공간 개선 사업을 실시한다 해도 그저 깔끔한 겉모습에만 치중하는 곳도 많은 것이 현실이다. 건축사가 교육철학에 대한 고민 없이 학생과 교사의 요구를 그대로 받아 반영하기만 하는 것도 문제다. 이는 종종 '받아쓰기'라고 비판을 받는데, 사용자 참여 설계에는 학생뿐 아니라 교직원을 비롯해 학교에서 일상을 보내는 모든 구성원의 목소리를 세심하게 듣고 조율하는 과정이 반드시 뒤따라야 한다. 무엇보다 사용자 스스로 잘 표현하지 못하는 작은 바람까지도 세심하게 읽어내어 건축적으로 구현하는 일이 중요하다. 여기에 더해 안전성, 법규, 시공 가능성, 유지·관리 효율성 등 기술적이고 현실적인 부분까지 고려해야 한다.

건축사가 자신의 역할을 제대로 수행할 수 있도록 그에 합당한 제도적 기반도 마련되어야 한다. 학교 공간 개선 사업에 있어서 가장 큰 문제는 설계와 시공 등 주요 과정에서 사용자와 건축사에게 실질적인 의사결정 권한이 부여되지 않는다는 점이다. 게다가 학교 건축에 참여한 건축사들 중에는 「건축사법」에서 정한 업무 대가조차 제대로 보장받지 못하는 이들도 많다. 건축사가 사용자와 함께 설계안을 주도적으로 결정할 수 있다면, 시공 과정에서 그 내용이 제대로 구현되는지 감독할 수 있는 권한과 책임이 주어진다면, 그리고 정당한 보상이 보장된다면 분명 제대로 된 사용자 참여 설계가 원활하게 이루어질 것이다.

민주주의는 머리로만 배우는 것이 아니라 직접 경험하며 몸과 마음으로 체득하는 것이다. 공간이 변하던 사람이 변하고, 사람이 변하면 우리가 살아가는 사회 또한 변하게 된다. 오늘 우리가 만들어가는 학교 공간이 아이들이 살아갈 미래의 모습을 결정한다는 사실을 간과해선 안 된다.

무엇을 가르칠 것인가

분리되어 있는 학교

근대 교육의 역사는 '효율성'과 '인간성' 사이를 아슬아슬하게 줄타기하며 이어져 왔다. 산업혁명 이후 학교는 국가가 필요로 하는 인재를 대량으로 길러내는 '지식 공장'으로 자리 잡았다.[*] 교육을 인간의 성장이나 자아실현이 아니라 사회·국가적 목표 달성을 위한 수단으로 간주하는 이러한 도구적 교육관 속에서 인간의 가치는 생산성으로 측정되었고, 장애는 결함이자 비효율의 상징으로 취급되었다. 이 철학이 곧 법과 건축에도 그대로 반영되었고, 장애를 공공의 시야에서 지우기 위한 별도의 공간이 만들어졌다. 다름 아닌 '장애인을 위한'다는 명분으로. 그리고 이와 같은 격리를 목적으로 한 수용시설을 지나, 마침내 '교육'이라는 이름을 달고 특수학교가

---

[*] 앨빈 토플러는 『제3의 물결』을 통해 제2의 물결(산업혁명) 사회에서 대중 교육이 출현했다고 말했는데, 이 시기 학교는 공장을 모델로 만들어졌으며 학생들에게 '시간 엄수' '복종' '기계적인 반복 작업의 습관화'를 습득시켜 공장이나 사무실에서 꾸준히 일할 수 있는 인력을 양성하는 기관이었다고 주장했다.

등장했다.

특수학교의 건축은 특정 장애 유형에 맞춰 고도의 전문성이 요구된다. 미국 매사추세츠주의 퍼킨스맹학교Perkins School for the Blind는 헬렌 켈러Helen Keller와 그의 스승인 앤 설리번Anne Sullivan의 학교로 유명한 시각장애인 학교다. 이 학교는 천장을 아치형으로 지어 작은 소리도 또렷이 들리게 했고, 바닥은 창가 쪽으로 살짝 경사가 지게 만들어 학생들이 스스로 이동할 수 있도록 설계했다. 이곳에서 학생들은 지팡이로 바닥을 두드리며 대리석과 나무 바닥의 차이를 익히고 벽을 손끝으로 어루만지며 벽돌의 질감을 느끼면서 사회에서 독립적으로 살아갈 힘을 기르고 있다.[02]

한편 청각장애인을 위해 특별히 설계된 공간도 있다. 청각장애인과 언어장애인의 교육을 위한 고등교육기관, 미국 워싱턴의 갤러덧대학교Gallaudet University다. 갤러덧대학교는 2000년대 중반 건축가 한셀 바우만Hansel Bauman과 공동으로 연구를 수행하여 '데프스페이스DeafSpace'라는 개념을 정립했는데, 데프스페이스는 청각장애인의 공간 인식 방식을 반영해 설계한 공간이나 그 건축 철학을 말한다. 이 학교의 기숙사에는 서로의 표정을 보며 수어로 편안하게 대화할 수 있는 원형 좌석이 배치되어 있고, 벽은 다양한 피부색과 가장 선명한 대조를 이루는 미디엄 스카이블루로 칠해졌다. 섬세한 손짓이 눈에 잘 들어오도록 만든 조처다. 또한 먼 거리에서도 수어로 소통이 가능하도록 낮은 벽을 세우고 시야가 탁 트이는 공간으로 조성했다. 사소한 것 하나에도 데프스페이스 공간 철학이 담긴 것이다.[03] 고쳐야 할 결함은 장애가 아니라 우리 사회의 환경이라는 메시지를, 갤러뎃대학교는 이처럼 건축과 공간으로 드러내고 있다.

이처럼 제약을 보완하고 구성원들의 원활한 소통이 이루어질 수 있도록 만든 세심한 설계 덕분에 장애 학생들은 그 안에서 안정감을 얻고 정체성을 형성한다. 그러나 이런 노력에도 불구하고, 존재 자체의 특성 때문에 특수학교도 결국 '분리'라는 비판이 따르는 것이 현실이다.

20세기 초반의 대표적인 교육철학자 존 듀이John Dewey에 따르면 학교는 민주주의를 실천하는 '작은 사회'가 되어야 한다. 교육의 목표는 '유능한 부품'이 아니라 나와 다른 타인과 공존하는 법을 아는 성숙한 시민을 길러내는 것이기 때문이다. 듀이에게 교육은 지식 습득이 아니라 삶의 방식을 배우는 곳, 즉 경험하는 곳이었다.[04] 이러한 인권 철학은 제2차 세계대전 이후 장애인 인권 운동으로 이어졌고, '분리는 본질적으로 불평등하다'는 신념 아래 많은 이들이 담을 허물고 일반학교의 문을 열 것을 요구했다. 그리고 1994년, 마침내 스페인 살라망카에서 열린 세계 회의에서 '모든 아이들이 다 함께 배우는 학교를 만들자'는 약속이 채택되니 이것이 바로 '살라망카 선언Salamanca Statement'이다. 이 선언을 통해 유네스코는 각국 정부에 법이나 정책으로서 통합교육의 원칙을 채택하여, 달리할 중대한 이유가 없는 한 모든 아동을 일반 학교에 등록할 것을 요구했다.[05] '바꾸어야 할 것은 장애가 아니라 교육 환경'이라는 인식으로의 대전환이었다.

우리나라에서도 1977년 「특수교육진흥법」이 제정되었으나 이는 분리 교육을 전제로 하고 있었다. 본격적인 변화는 장애 학생 당사자들과 부모들의 끈질긴 투쟁 끝에 2007년 「장애인 등에 대한 특수교육법(약칭 '특수교육법')」이 마련되면서 시작됐다. 이 법은, 사회 통합을 목표로 한 통합교육의 필요성을 인정하면서, 학교가 학생의 장애를 이유로 입학의 지원을 거부하거나 입학전형 합격자의 입학을 거부하는 등 교육 기회의 부여에서 차별을 해서는 안 된다고 명시하며 장애 학생의 교육권을 강조했다. 이로써 분리 교육의 시대가 저물고 통합교육의 시대가 열리는 듯했다.

하지만 애석하게도 곧바로 현실이 바뀌는 것은 아니었다. 기존의 비장애인 중심 공간에 경사로를 덧붙이고 엘리베이터를 끼워 넣는 식의 개선은 공간 깊숙이 자리 잡은 배제의 문법을 바꾸기에는 충분하지 않았다. 접근성을 단순히 '추가 기능'으로 취급하는 태도는 장애인의 존재를 여전히 예외적인 것으로 여기는 시각을 보여줄 뿐이었다. 현장에서도 통합교육이 제대로 이뤄지지 않았다. 장애 학생들은 대부분 특수학급에서 수업을 받았고, 외부 활동 역시 특수반 학생들끼리 움직이는 일이 다반사였다. 이들이 원한 것은 특별 대우가 아니라 교육에 동등하게 참여하는 것, 그뿐이었는데 말이다.

그럼 이러한 환경에도 왜 장애 학생들과 학부모들은 일반학교를 선택하려 할까. 그 이유는 학교가 집이나 시설에서는 경험할 수 없는 사회이기 때문이다. 지적장애를 갖고 있는 초현 씨는 "비장애인과 같이 있으면서 어떻게 지내고 공부하는지 보는 것으로도 학습이 된다" "사회에서 다 같이 살아야 하는데, 학교에서부터 이런 기회조차 박탈해선 안 된다"라고 말했다.[06] 이 절절한 증언이야말로 교육의 본질이 담긴 가장 명확한 답변이다. 학교는 고립된 섬이 아니라 온갖 갈등과 부대낌 속에서 서로를 인정하고 함께 살아가는 법을 배우는, 아이들의 '사회 연습실'이니까.

결국 우리는 선택해야 한다. 우리는 아이들에게 무엇을 가르칠 것인가. 타인 위에 올라서는 기술인가, 타인의 곁을 지키는 연대의 감각인가. 학교를 엘리트를 길러내는 경쟁의 장으로 남겨둘 것인가, 서로의 '다름'을 이해하며 함께 성장하는 공존의 공간으로 만들 것인가. 휠체어를 탄 친구를 위해 걸음을 늦추고, 청각장애인 친구를 위해 마스크를 벗어 입 모양을 보여주는 그 작은 불편과 기다림의 경험이 어쩌면 교과서 속 지식보다 더 큰 지혜를 가져다줄지도 모른다.

속도가 다른 아이들

개성과 정서를 포용하는 공간

우리나라 아이들은 6년 동안 초등학교에 다니고, 이후 3년은 중학교에서 3년은 고등학교에서 보낸다. 이는 사회가 만들어놓은 일종의 표준 경로이자 규칙이다. 하지만 아이들은 저마다 속도가 다르다. 어떤 아이는 이 속도에 맞추기 위해 지나치게 서두르고, 어떤 아이는 느려서 자꾸만 뒤처진다. 처음부터 정해진 길이 아닌 다른 길을 선택하는 아이도 있다. 그럼에도 결국 아이들은 사회가 요구하는 하나의 속도, 하나의 길로 맞춰 가야 한다. 이렇게 사회가 정해놓은 틀 안에서 아이들의 다양성은 점점 지워지고 있다.

이 기준에서 조금만 벗어나도 금세 수군거림과 손가락질의 대상이 된다. 우리 사회가, 조금 다른 속도와 몸짓을 너무도 쉽게 '문제 행동'으로 판단해 버리기 때문이다. 그렇게 세상이 정해놓은 속도를 따라가지 못하는 아이들은 어느 순간 이방인이 되어 친구들과 선생님에게서 서서히 멀어져 간다. 모든 아이가 같은 속도로 성장해야 정상이라는 생각, '다름'을 개성이 아닌 고쳐야 할 문제로 보는 우리의 교육적 관점은 오랜 시간 동안 수많은 논쟁과 성찰을 불러왔다.

산업사회로 접어들면서 많은 나라의 학교는 점차 표준화된 규율과 교과과정 등을 갖춰갔고, '다름'을 교정 대상으로 보는 시각이 교육제도 안에서 한층 구체적인 모습으로 나타났다. 앞서 서술했듯 당시 교육은 아이들의 내면을 이해하기보다 사회가 요구하는 순응적인 시민과 노동자를 길러내기 위해 통제와 규율을 강조하는 경향이 있었다. 규칙을 따르지 않는 아이들은 쉽게 문제아로 낙인찍혔고, 특히 빈곤층 아이들은 산업학교로 보내지기도 했다. 더 엄격한 규율을 통해 사회적 질서를 유지하고 노동력을 길러내어 산업사회 초기의 사회적 문제를 해결하려 한 것이다. 지금처럼 정신의학이 발달하지 못했던 탓에, 오늘날이라면 발달장애나 자폐스펙트럼장애, ADHD 등으로 진단되었을지도 모를 아이들이 단지 이상행동을 보인다는 이유로 정신병원에 수용되기도 했다.

이처럼 다양성보다 규율과 통제가 우선이던 시기 새로운 길을 개척한 이가 있었으니 이탈리아의 의사이자 교육학자 마리아 몬테소리Maria Montessori다. 몬테소리는 의사로서 지적장애 아동들을 관찰하고 연구하는 과정에서 당시의 획일적이고 강압적인 교육 방식에 의문을 품었다. 그리고 18세기 말 프랑스 아베롱Aveyron의 숲에서 발견된 야생 소년 빅터Victor에게 언어를 가르치려 노력하여 특수교육의 초석을 다진 의사 장 마르크 가스파르 이타르Jean Marc Gaspard Itard처럼, 다양성을 중심에 두고 아이들 저마다의 속도와 개성을 존중하는 교육 방식을 고안했다. 몬테소리는 교육의 핵심을 아이들이 자유롭게 자신을 표현하고 잠재력을 펼칠 수 있도록 돕는 것이라고 생각했다. 그리고 이러한 신념을 토대로 1907년, 로마 빈민가에 자신의 첫 학교이자 몬테소리 교육법의 첫 무대인 '어린이의 집Casa dei Bambini'을 열었다.[07] 몬테소리는 이곳에 아이들의 눈높이에 맞춘 낮은 선반, 쉽게 옮길 수 있는 가벼운 책상과 의자를 배치했다. 그리고 아이들에게 직접 바닥을 닦고 먼지를 털고 정원을 손질하며 환경을 스스로 돌볼 수 있는 기회를 주었다. 아이들이 각자의 방식으로 세상을 탐구하며 스스로 성장하도록 이끈 것이다.[08] 이러한 몬테소리의 교육철학은 오늘날 전 세계로 확산되어 '자기 결정권'과 '자기주도학습'의 뿌리가 되었다.

이타르와 몬테소리가 고민했던 '다름을 어떻게 존중할 것인가'라는 철학적 질문과 교육적 실천은 이후에도 다양한 방식으로 이어졌다. 1970년대 네덜란드에서는 한 지적장애인 지원 센터에서 근무하던 직원들이 '스노젤렌snoezelen'이라는 새로운 개념을 제시했다. 네덜란드어 'sniff(냄새를 맡다)'와 'doze(졸다)'의 합성어인 '스노젤렌'은 '기분 좋은 자극을 제공한다'라는 뜻을 담고 있는데, 빛, 소리, 촉감, 냄새, 맛 등 다양한 감각을 체계적으로 자극할 수 있도록 조성해 놓은 공간을 의미한다.[09] 이 개념은 오늘날 심리 안정실의 기초가 되었다.

우리나라 교육 현장에서도 특수교육 대상 학생들의 행동 및 정서 문제를 기존 방식만으로는 해결하기 어렵다는 한계를 느꼈다. 이에 교육부는 '제5차 특수교육발전 5개년 계획(2018~2022)'을 통해 특수학교와 일반학교(통합학급·특수학급)에 심리 안정실 설치를 추진했다.[10] 자신만의 속도를 잊고 세상의 기준에 맞추느라 숨이 막히는 아이들이 잠시라도 숨 쉴 수 있는 안식처를 마련하기 시작한 것이다.

그런데 최근 몇몇 학교에서 심리 안정실이 오히려 아이들에게 극도의 불안과 스트레스를 주고 있다는 안타까운 소식이 들려온다. 심리 안정실이라는 공간의 운영 방식이 충분히 마련되지 않았기 때문이다. 심리 안정실 설치가 의무 사항은 아니다 보니 학교마다 이용 지침이 제각각이다. 많은 특수학교에서 심리 안정실을 학생이 정서적으로 불안정해지면 여러 교사가 함께 데려가는 곳 정도로 운영하고 있다. 당사자에겐 처벌을 위해 독방으로 끌려가는 것처럼 느껴질 수 있음에도 말이다. 실제로 공포에 질려 벽에 머리를 박거나 그곳에서 실금까지 했다는 이야기까지 들려오니 우려가 깊어지지 않을 수 없다.[11] 발달장애 학생의 특성을 고려해 만든 공간을 격리의 장소로 만들지 않으려면, 본래의 취지가 잘 살아날 수 있도록 심리 안정실의 위치와 공간 구성, 이용 수칙 등을 세심하게 재정비할 필요가 있다.

심리 안정실은 사회가 아이들의 다양한 속도와 감각을 얼마나 진심으로 존중하는지를 보여주는 거울과 같다. 세상의 기준과 다른 아이들을 진심으로 존중할 때 비로소 교육은 그 본래의 의미에 가까워질 것이다. 아이들이 매일 걷는 복도, 하루 종일 앉아 있는 의자와 책상, 지칠 때 찾는 휴식 공간. 이런 곳들의 환경은 어떤 이들의 속도와 감각에 맞춰져 있을까? 이 질문에 대한 답을 진지하게 고민하고 교육 공간을 세심히 조정해 나간다면, 아이들은 마침내 자신만의 속도로 세상과 만날 수 있을 것이다.

놀지 못하는 사회

아이들의 놀 권리를 지키는 도시설계

어린이에게 놀이는 세상을 배우고 다른 사람과 관계를 맺으며 자기 자신을 알아가는 중요한 '성장 과정'이다. 그런데 본능과도 같은 이 아이들의 놀이가 인류 보편의 권리로 인정받기 시작한 것은 사실 그리 오래되지 않았다.

오랫동안 어린이는 불완전한 어른, 즉 노동력을 제공할 '예비 자원'으로 여겨졌다. 18~19세기 영국에서는 몸집이 작은 어린이들이 굴뚝 청소에 동원되었다. 그로 인해 많은 아이가 좁은 굴뚝 안에 갇혀 질식하거나, '굴뚝청소부암chimney sweeps' carcinoma'*에 걸려 목숨을 잃었다. 당시 아이들의 생명과 건강은 고용주의 이윤과 어른들의 편의를 위해 가볍게 취급되곤 했다.

---

* 굴뚝 청소부의 직업병으로, 음낭의 피부에 발생하는 편평 세포 암종이다. 최초로 보고된 직업성 암종이기도 하다.

아동 인권에 대한 본격적인 논의는 전쟁과 빈곤 속에서 고통받는 아이들의 참상을 향한 깊은 반성에서 시작되었다. 제1차 세계 대전이 끝날 무렵 독일, 오스트리아, 헝가리 등의 아이들은 연합군의 경제 봉쇄로 극심한 굶주림에 시달렸다. 당시 영국의 사회개혁가 에글렌타인 젭Eglantyne Jebb은 무고한 아이들이 굶주림과 질병으로 희생되는 현실에 깊은 분노를 느꼈다. 그리하여 그는 '아이들의 고통 앞에서 국적은 중요하지 않다'라는 신념으로 1919년 아이들을 돕기 위해 세이브더칠드런을 설립하게 된다. 나아가 젭은 일시적인 구호 활동을 넘어 아동의 권리를 제도적으로 보장하고자 했다. 그는 1923년 모든 아동이 누려야 할 기본적 권리를 담은 '아동 권리 선언Declaration of the Rights of the Child'의 초안을 작성했고, 이듬해 1924년 국제연맹회의에서 이 선언이 처택되어 '제네바 아동 권리 선언Geneva Declaration of the Rights of the Child'으로 발표되었다. 이 선언은 이후 1959년 'UN 아동 권리 선언Declaration of the Rights of the Child'의 토대가 되었으며, 1989년 제정된 'UN 아동 권리 협약Convention on the Rights of the Child'의 주요 사상 기반이 되었다.[12] 건강하게 자랄 권리, 교육받을 권리, 놀 권리 등 어린이가 누려야 할 권리를 담고 있는 UN 아동 권리 협약은 오늘날 전 세계 어린이의 인권을 증진하는 데 중요한 역할을 하고 있다.

비슷한 시기, 일제강점기 조선에서도 아동의 권리를 외친 선구자가 있었다. 바로 소파 방정환이다. 방정환은 1919년 삼일운동 당시 『조선독립신문』을 배포하다 체포되어 고초를 겪었으나 곧 석방

되었고, 이듬해인 1920년 일본 도요대학東洋大學 철학과에 진학했다. 일본에서 당시 조선 사회에서는 낯선 개념이던 아동문학과 아동 심리학을 접한 그는, 쉽게 억눌리고 천대받던 조선 어린이의 현실을 새롭게 인식하게 되었다. 방정환은 이러한 문화를 바꿔야 한다고 강조하며 어린이 문화 운동 단체 '색동회'를 조직했고, 어린이날을 제정하는 데 핵심적인 역할을 했다.

한국 아동 인권 운동의 기념비적인 해였던 1923년, 방정환은 소년 운동을 더욱 널리 확산시키기 위해 아동 잡지 『어린이』를 창간했다. 그리고 그해 5월 1일 첫 어린이날 기념행사에서 발표한 「소년 운동의 선언」, 「어른에게 드리는 글」, 「어린 동무들에게」는 이후 한국 아동 권리 담론의 중요한 토대가 되었다. 특히 「어른에게 드리는 글」에는 "어린이들이 서로 모여 즐겁게 놀 만한 놀이터나 기관 같은 것을 지어 주시오"[13]라는 내용이 담겨 있어, 그가 아동의 놀 권리를 강조했음을 알 수 있다.

그렇다면 원래 아이들의 놀이는 어떤 모습이었을까? 놀이가 사회적 권리로 인식되기 훨씬 전부터 아이들은 자연스럽게 놀이를 통해 세상을 배우며 자랐다. 여러 인류학자의 기록에 따르면 수렵채집사회의 아이들은 엄청난 자율성을 누렸다. 어른들은 아이들의 놀이에 직접 개입하지 않았고 아이들은 스스로 날카로운 칼이나 활, 화살 같은 위험한 도구를 다뤄가며 가지고 놀았다. 위험을 다루고 관리하는 능력을 놀이를 통해 기른 것이다.

이런 자유로운 놀이 환경이 먼 과거의 이야기만은 아니다. 불과 수십 년 전만 해도 우리나라 아이들 역시 아파트 단지의 놀이터가 아닌 동네 골목길이나 논두렁에서 뛰어놀았다. 고무줄놀이, 말뚝박기, 딱지치기. 특별한 놀이기구가 없어도 친구들만 있으면 훌륭한 놀이가 탄생했다. 놀이의 규칙은 같이 노는 아이들의 성별이나 신체적 조건에 따라서 유동적이었고, 그 무대는 마을 전체였다. 아이들은 그렇게 놀이를 통해 자신들만의 작은 사회를 꾸렸다.

이처럼 자유롭게 온 동네를 누비며 놀던 아이들이 언제부터 놀이를 위해 정해진 공간을 찾게 된 것일까. 오늘날 우리가 아는 형태의 놀이터는 산업혁명 이후 도시화가 급격히 진행되면서 등장했다. 당시 도시는 일자리를 찾으러 몰려든 사람들로 붐볐고 비위생적이었으며 도로는 마차 등이 끊임없이 오갔다. 자연스레 아이들이 거리에서 사고를 당하는 일이 잦아졌고, 아이들이 안전하게 놀 수 있는 별도의 공간이 필요하다는 인식이 확산되었다. 이 무렵 독일의 교육학자 프리드리히 프뢰벨Friedrich Fröbel은 유아기의 놀이와 야외 활동이 아동 발달에 핵심적이라고 보았고, 이를 위한 유아용 놀이 공간을 제안했다. 영국에서도 1840년경 유아 학교infant school 내에 그네나 시소 등을 갖춘 놀이 공간이 마련되기 시작했다.

세계 최초의 공공 놀이터는 1859년 영국 멘체스터의 어느 공원에 들어섰다. 당시 영국은 산업혁명을 선도하며 공업 도시가 빠르게 성장하던 시기였으니, 산업화의 중심지였던 멘체스터에 공공 놀이터가 만들어진 것은 우연이 아니었다.[14] 이후 미국에서도 산업화와 도시화가 진전되면서 거리에서 뛰노는 아이들의 안전 문제가 부각되었고, 1887년 샌프란시스코에 미국 최초의 상설 놀이터가 조성되었다. 20세기 초에 접어들며 북아메리카에서는 자동차가 급속히 확산되었다. 그 결과 아이들이 놀던 거리의 공간은 점점 더 위험해졌고, 여러 도시에서 어린이 교통사고가 사회문제로 떠올랐다. 이에 아이들을 도로의 위험으로부터 분리해 안전한 장소로 유도하려는 목적으로 전용 놀이 공간이 본격적으로 확산되었다. 하지만 아이러니하게도 이러한 과정은 어린이들을 놀이터라는 한정된 공간 안으로 몰아넣는 효과를 가져왔고, 동시에 도시는 점차 자동차 중심으로 재편되었다.

초기 놀이터는 미끄럼틀, 그네, 시소처럼 규격화된 기구들로 채워졌다. 영국의 엔지니어 찰스 윅스티드Charles Wicksteed는 1920년대부터 견고한 철제 그네와 미끄럼틀을 설계하고 제작하며 표준화된 놀이기구의 보급을 이끌었다.[15] 하지만 이런 형태의 놀이터는 분명한 한계를 지닌다. 미끄럼틀은 내려오는 동작만을 유도하고, 그네는 앞뒤로만 움직일 수 있으며, 시소는 정해진 자세와 방식으로 이용해야 한다. 창의적으로 탐색하는 행위였던 놀이가 어느 순간 정해진 동작을 반복하는 수동적 활동으로 바뀌어버린 것이다. 이처럼 사용법이 고정된 기구 중심의 놀이는 아이들의 모험심과 창의력 향상에 큰 도움이 되지 않는다. 안전과 관리 효율성을 이유로 위험 요소를 제거하는 과정에서, 아이들이 스스로 도전하고 시행착오를 겪으며 자율성을 키울 기회 역시 함께 사라졌다.

새로운 놀이터에 대한 착상은 제1차 세계대전이 남긴 폐허 속에서 비롯되었다. 1931년 덴마크의 조경 건축가 칼 테오도어 쇠렌센 Carl Theodor Sørensen은 폭격으로 무너진 건물 잔해 속에서 재미있게 노는 아이들을 목격하게 된다. 아이들은 놀이기구 대신 여기저기 버려진 잡동사니와 쓰레기를 활용해 자신만의 세계를 만들며 놀고 있었다. 이 모습에 깊은 영감을 받은 쇠렌센은 폐자재를 활용해 아 이들이 자유롭게 상상하고 창조할 수 있는 새로운 형태의 놀이 공 간 '잡동사니 놀이터junk playground'를 제안했다. 이후 이 개념은 영국 의 조경가이자 아동복지 운동가인 마저리 앨런Marjory Allen에 의해 '모험 놀이터adventure playground'로 발전하여 전 세계로 확대되었다.[16]

모험 놀이터에는 정해진 놀이기구가 없다. 그 대신 망치, 톱 같은 간단한 연장과 나무판자, 버려진 타이어, 천 조각 등 다양한 재료들 이 있다. 이곳에서 아이들은 폐타이어로 그네를 만들거나 판자를 이용해 손수 오두막을 짓고, 때로는 이를 허물어 다시 새로운 구조 물을 만들어내기도 한다. 이 과정에서 아이들은 자연스럽게 창의 력과 협동심을 기르고, 스스로 위험을 판단하고 관리하는 법도 터 득한다. 이곳에서의 놀이는 어른이 정한 규칙을 얌전하게 따르는 것이 아닌, 어린이 스스로 무엇인가를 만들고 탐구하는 본질적 행 위로 거듭난다.

오늘날 우리 사회에서는 모험이나 자율성보다 안전을 더 중요하 게 생각한다. 놀이기구마저 안전을 이유로 작은 위험 요소까지 제 거하다 보니, 미끄럼틀은 지나치게 낮아서 재미가 없고 그네나 정 글짐도 단조롭기 그지없다. 그럼에도 어른들은 여전히 놀이 문화보다 안전을 과도하게 우선시하고, 심지어 아이들조차 스스로 "이건 위험해" "안전하지 않아"라고 말하며 적극적인 놀이 활동을 주저한다.

여기에 더해 아이들이 마음껏 뛰어놀 시간조차 없는 게 현실인데, 어렵게 시간을 내어 놀이터에 가더라도 조금만 소리가 커지면 이웃들의 따가운 시선과 항의를 감당해야 한다. 이러한 제재와 제한, 놀이 자체를 불필요한 소동으로 취급하는 사회 분위기 속에서 아이들의 놀 권리가 위축되지 않을 리 만무하다.

그렇다면 아이들의 놀 권리를 회복하기 위해 도시와 건축은 무엇을 할 수 있을까? 우리 사회는 안전을 무엇보다 우선시해 왔고 이는 놀이터 설계에도 그대로 반영되었다. 위험 요소를 미리 제거하는 데 초점을 맞추다 보니 아이들은 검증된 범위 안에서만 머물게 되었고, 규격화된 놀이터만 양산되고 있는 실정이다. 그러나 본래 놀이란 일정한 위험과 도전을 통해 스스로 판단하고 대처하는 능력을 기르는 과정이기도 하다. 완벽하게 통제된 환경을 만드는 데에만 집중하기보다, 아이들이 적절한 수준의 위험을 경험하며 성장할 수 있도록 균형 잡힌 놀이 환경을 모색해야 하지 않을까.

이를 위해서는 어린이의 놀이를 특정 공간으로 제한하는 지금의 방식에서 벗어나야 한다. 아이들이 도시환경 속에서도 성장할 수 있도록, 생활공간 곳곳에 자유롭게 머물고 뛰놀 수 있는 공간을 마련하는 것이 효과적이다. 네덜란드의 '본엘프Woonerf'는 이러한 변화의 좋은 사례다. 네덜란드어로 '삶의 마당'을 뜻하는 본엘프는, 차량으로부터 마을을 보호하고 가로街路를 비롯한 공공공간의 질을 높이기 위해 도입된 보행 환경 개선 사업이다. 본엘프 구역에서는 보행자가 도로 전체를 자유롭게 이용할 수 있으며, 아이들 역시 도로 위에서 마음껏 뛰어놀 수 있다. 반면 차량은 보행속도(약 4~7km/h)를 넘지 못하도록 제한되며 지그재그형 도로, 과속방지턱, 화분 등 다양한 속도 저감 장치가 곳곳에 배치된다. 이처럼 주택가에서 차량 이용을 최소화하고 어린이를 비롯한 주민들의 생활환경을 개선한다는 점에서 본엘프는 중요한 의의를 갖는다. 이 모델은 이후 '공유도로Shared Space' '홈존Home Zone' '속도 30Temp 30' '커뮤니티 도로' 등 다양한 형태로 변화하며 영국, 독일, 스위스, 일본 등 여러 나라로 확산되었다.[17]

본엘프의 사례는 아이들의 놀 권리를 보장하는 일이 단순히 놀이 시설을 더하는 것에 국한되지 않는다는 것을 보여준다. 도시 공간을 바라보는 관점 자체를 새롭게 바꿔야 한다. 다시 말해, 도시 전체가 아이들의 놀이터가 될 수 있어야 한다. 예를 들어 아파트를 설계할 때 법적으로 요구되는 최소한의 놀이터를 마련하는 데서 한 걸음 더 나아가 단지 전체에 흙과 풀, 작은 언덕, 얕은 개울 등을 배치해 아이들이 마음껏 탐험하고 뛰놀 수 있는 환경을 조성하면 된다. 학교 운동장의 폭신한 우레탄 포장을 걷어내고 그 자리를 텃밭이나 생태 정원으로 꾸며 아이들이 직접 식물을 기르고 자연을 돌보는 공간으로 만드는 것 또한 하나의 방법이 될 수 있다.

이것이 꼭 아이들만을 위한 일이라 생각할 필요는 없다. 아이들

이 마음껏 뛰어놀 수 있는 도시, 즐겁게 경험하고 누릴 수 있는 도
시. 그것은 다름 아닌 모든 이의 존엄과 권리가 살아 숨 쉬는 진정
한 삶의 공간일 것이다.

머무는 곳에서 살아가는 곳으로

기숙사의 재발견

"이모, 샤워를 다른 사람이랑 같이 한다는 게 말이 돼? 엄마하고 목욕탕 가는 것도 싫은데!"

모처럼 만난 친구 딸의 재잘거림이다. 처음으로 부모의 품을 떠나 학교 기숙사에서 지낸 소감이 "편하고 좋다"는 것이 아닌 샤워장에 대한 불만이었다. 옆방에서는 컴퓨터 자판 소리 때문에 룸메이트끼리 큰 다툼이 있었다고도 했다. 학업에 지친 아이들은 기숙사에서 편안히 쉬고 서로의 힘든 점을 나누며 위로받기를 기대하지만, 아무래도 현실은 이와 거리가 먼 듯했다. 서로에게 상처를 주거나 무관심 속에서 무기력하게 지내는 경우도 적지 않은 듯하다.

새 학기가 시작되면 많은 학생이 기숙사로 향한다. 비싼 월세나 통학 거리가 부담스러워서일 수도 있고, 학업에 집중하기 위해 스스로 선택한 결정일 수도 있다. 이유는 저마다 다르지만 집을 떠나 새로운 공간에서 생활하게 된다는 설렘만큼은 비슷할 것이다. 그런데 문을 열고 방에 들어서는 순간 마주하는 현실은 사뭇 실망스럽다. 좁은 공간에 효율적으로 배치된 책상과 침대. 아마도 그동안 혼자 방을 썼거나 형제자매와 같이 썼을 학생들로선 낯선 사람과 함께 좁은 공간에서 사생활까지 공유해야 한다는 사실에 적지 않은 긴장과 불편을 느낄 수밖에 없다.

기숙사는 학생들이 부모의 품을 떠나 처음으로 독립생활을 경험하는 작은 집이다. 그러나 학교는 종종 기숙사를 '학생의 집'이 아닌 통제와 관리가 이어지는 하나의 '수용과 훈육의 공간'으로 여긴다. 기숙사는 집이어야 할까, 수용과 훈육을 위한 시설이어야 할까? 아마 이 질문의 답은 우리 사회가 학생들을 어떻게 바라보는지에 따라 달라질 것이다. 그들을 미성숙한 존재로 규정한다면 통제와 관리가 우선인 공간이 될 것이고, 그들을 성장 과정에 있는 독립된 인격체로 존중한다면 기숙사는 비로소 학생들의 집이 될 것이다.

오늘날 기숙사의 뿌리가 된 것 중 하나가 바로 중세 수도원이다. 엄격한 규율과 통제의 공간이었던 중세 수도원은 사각형의 작은 안뜰을 중심으로 만들어졌는데, 그 안뜰 주위를 회랑cloister이라 부르는 긴 복도가 둘러싸고 있었다. 지붕이 있는 회랑 덕분에 수도사들은 비나 눈 등 날씨의 영향을 받지 않고 편리하게 공간을 이동할 수 있었고, 수도원의 성당과 식당 그리고 잠자는 방까지 대부분 공간이 이 회랑을 통해 연결되었다. 수도사들은 이 회랑을 따라 걸으며 묵상하거나 산책을 하곤 했다. 다만 이 회랑식 정원은 자연스럽게, 중앙의 감시탑에서 모든 수감자를 감시할 수 있도록 설계된 원형 감옥 파놉티콘Panopticon을 떠올리게 한다.*

수도원의 생활 방식은 초기 대학의 '칼리지college' 형태로 이어지게 된다. 사실 초기의 대학은 조합guild 형태였기 때문에 정해진 강의 건물이 따로 없었고, 교사와 학생들이 곳곳을 떠돌아다니며 가르치고 배웠다. 당시 학생의 대부분은 집을 떠나 홀로 생활하게 된 젊은 청년들이었는데, 술이나 도박 같은 도시의 유혹을 쉽게 뿌리치지 못해 종종 싸움이나 범죄에 휘말리기도 했다. 이런 혼란 속에서 학생을 보다 안전하게 보호하고 체계적으로 지도할 공간이 필요해졌고, 그 결과 등장한 것이 바로 칼리지였다. 대체로 칼리지는 부유한 후원자들의 기부로 설립되었으며, 학생들은 새벽 4시에 기상하고 5시에 공부를 시작하는 등 수도사처럼 엄격한 규율 속에서 생활했다.[18]

그러다 산업화 시기 학생 수가 빠르게 증가하며 오늘날 우리가 떠올리는 현대적 기숙사가 등장했다. 그전까지 교육은 성직자나 귀족, 부유한 집안의 자녀들만 누릴 수 있는 특권에 가까웠다. 그러나 산업화가 진행되고 민주주의가 확산되면서 일반 시민들도 학교에 다닐 수 있게 되자 학생 수가 급증한 것이다. 이에 학교는 폭증하는 학생들을 어떻게 효율적으로 관리할지 고민할 수밖에 없었

---

* 실제로 미셸 푸코는 『감시와 처벌』에서 규율의 공간은 본질적으로 수도원 독방과 같은 형태라고 했으며, 활동의 통제를 상징하는 시간표 또한 수도원에서 유래되었을 것으로 추측했다.

고, 그 결과 현대적 기숙사가 만들어졌다. 수도원과 초기 칼리지에서 이어진 엄격한 규율은 유지하되, 공간은 보다 효율적이고 통제하기 쉬운 형태로 바뀌었다. 긴 복도를 따라 이어지는 동일한 구조의 방이나, 획일적으로 배치된 가구 등은 이러한 변화를 잘 보여준다. 결국 오늘날 우리에게 익숙한 기숙사의 형태는 학생을 효과적으로 관리하기 위해 고안된 것이라 할 수 있다.

한편 조선의 선비들이 공부하던 서원書院은 이와는 사뭇 다른 모습이었다. 서원은 선현에게 제사를 올리는 사당, 그 뜻을 받들어 교육을 실시한 강당, 원생과 진사 등이 머물며 생활하던 동재東齋와 서재西齋, 크게 세 가지로 이루어져 있었다. 이 건물들은 검소한 선비 정신을 반영해 화려한 장식을 피하고 단정하고 절제된 양식으로 지어졌다. 서원은 담장을 둘러 외부와의 경계를 지었지만, 담장을 낮게 쌓거나 일부를 터놓아 내부에서 밖을 바라볼 때 산수山水가 자연스레 눈이 들어오게 만들었다. 이러한 자연과의 조화는 서원 건축의 중요한 특징이었다.[19] 서원은 유교의 예법과 질서를 중요하게 여기면서도, 사람을 통제하고 관리하기보다는 자연과 조화로운 환경 속에서 스스로 배우고 성장하도록 도왔다. 이것이 바로 서양의 수도원이나 칼리지에서 발견할 수 없는 동양 건축의 지혜다.

그런데 안타깝게도 오늘날 우리나라의 기숙사는 서원의 지혜를 잃어버리고, 서양의 통제와 효율만을 충실히 물려받은 듯하다. 긴 복도에 똑같은 크기와 형태의 출입문이 이어지고, 창문마저 복붙을 한 듯 무표정하다. 건물 어디에서도 자연의 숨결을 느끼기 어렵다. 직접적인 통제나 제재가 없더라도 공간 그 자체가 만들어내는 긴장감 때문에 스스로를 검열하고, 무의식적으로 규칙과 분위기에 순응해 버리게 되는 구조. 이러한 점에서 기숙사는 학생들이 자유롭게 성장하도록 돕는 공간이라기보다는, 은밀하게 개인의 자유를 제한하고 압박하는 일종의 '공간적 폭력'으로 작용한다. 마치 파놉티콘 권력처럼.

더 심각한 문제는 기숙사 환경이 열악하다는 점이다. 학생 개개인의 특성을 고려하지 않은 좁고 획일적인 공간도 문제지만, 여러 인원이 함께 쓰는 공동욕실은 불편함을 넘어 고통스러운 경험이 되기도 한다. 낯선 사람들과 매일 같은 욕실을 써야 하는 상황은 겉보기에는 사소해 보일지 몰라도 실제 학생들에게는 상당한 스트레스이자 때로는 모욕적인 경험이 될 수 있다. 존중받지 못하는 환경에서 지내온 학생들이 훗날 타인의 권리와 공간을 존중하는 어른으로 성장하기를 기대하는 것은 어딘가 무책임하게 느껴진다.

그렇다면 기숙사가 잠만 자는 곳에서 벗어나 여러 학생이 함께 편안히 지내며 성장할 수 있는 '집'이 되기 위해서 어떤 변화를 꾀할 수 있을까? 무엇보다 공간 구조를 학생들이 자연스럽게 마주하고 어울릴 수 있도록 만들어야 한다. 지금처럼 복도 양쪽에 똑같은 방이 줄줄이 이어지는 방식보다는 학생들이 스규모의 공동 거실이나 간이 주방 같은 공간을 함께 사용하는 클러스터cluster 방식이 효과적일 것이다. 각자의 방에서 독립적으로 생활하면서도 필요할 때면 편하게 모여 대화를 나누거나 음식을 함께 만들어 먹을 공간이 마련된다면, 서로에 대한 친밀감은 자연스럽게 높아지고 공동체 의식과 독립성도 함께 길러질 것이다. 쉽게 영화 〈해리포터〉에 나오는 호그와트의 모습을 떠올려 보면 된다. 포터가 공용 거실 소파에 앉아서 친구인 론과 이야기를 나누는 모습이 바로 클러스터 방식의 이상적인 사례다.

또 하나 우리가 되찾아야 할 것은 우리의 전통 건축 서원이 지녔던 공간적 지혜다. 기숙사를 설계할 때 효율성과 경제성만 따질 것이 아니라 친환경 재료를 적극적으로 사용하고, 햇빛과 바람이 충분히 들어오도록 창을 크게 넓히는 방식을 고민해 볼 필요가 있다. 학생들이 자연 채광과 신선한 공기를 느끼며 생활할 수 있다면 훨씬 더 편안하고 건강한 일상을 누릴 수 있을 것이다. 자연과 가까운 생활환경이 정신 건강은 물론 집중력과 학습 능력에도 긍정적인 영향을 미친다는 점은 이미 널리 알려진 사실이다.

이제 기숙사는 '관리와 통제의 공간'이라는 오랜 이미지에서 벗어나 학생이 스스로를 돌아보고 온전히 성장할 수 있는 공간으로 변화해야 할 때다. 최소한의 비용으로 더 많은 학생을 수용하는 시설을 지을 것인가, 아니면 학교 구성원의 존엄을 지켜주고 가능성을 키워주는 진짜 집을 만들 것인가. 기숙사라는 작은 공간에 대한 오늘의 선택이 미래 세대가 살아갈 도시와 공동체의 모습을 결정하게 될 것이다.

숨 쉬는 교실

감염병 시대, 학생들의 건강권

학교나 도서관에 가면 이상하게 졸리다는 아이들이 있다. 분명 밤에 충분히 잠을 잤는데도 꾸벅거리는 아이들. 흔히 식곤증이나 집중력 부족 탓으로 돌리지만, 어쩌면 좁은 공간에서 많은 사람이 내뿜는 이산화탄소 때문일 수도 있다.

「학교보건법 시행규칙」에 따르면, 학교 건물 및 급식 시설은 이산화탄소 농도를 1000ppm 이하로 유지해야 한다. 이 기준치가 넘으면 실내 거주자들에게 졸음 또는 두통이 오거나 집중하기 어려워지고, 업무 성과가 떨어지는 등의 증상이 발생하기 때문이다.[20] 심지어 4만 ppm이 넘으면 생명이 위태로워질 수도 있다. 그러니 사람이 많이 모이는 공간은 자주 환기를 해줘야 하고, 공기 정화 시설을 갖춰 수시로 관리하는 일이 필수적이다.

그런데 우리는 아이들에게 건강한 성장을 위해 좋은 음식을 먹고 규칙적으로 운동을 해야 한다고 가르치면서도 정작 매일 들이 마시는 공기의 질에는 무심한 편이다. 학생들이 하루의 대부분을 보내는 교실은 환기가 잘되지 않아 이산화탄소가 쉽게 쌓이는 환경인데도 말이다. 특히 겨울철에는 난방 때문에 외부 공기 유입이 줄어들어 교실 내 이산화탄소 농도가 4000ppm을 넘기도 한다.[21] 여기에 미세먼지까지 더해지면서 학교 실내 공기질이 아이들의 건강을 위협하는 요소가 되고 있으니, 실내 공기질 문제를 건강권과 인권의 차원에서 인식해야 한다.

과거, 환기가 지금보다 더 절박했던 시기가 있었다. 오늘날 '백의의 천사'로 불리는 간호학의 어머니 플로렌스 나이팅게일Florence Nightingale은 크림전쟁* 시기 병원의 위생 환경과 운영체계를 대대적으로 개선하면서 무엇보다 강조한 것이 바로 환기의 중요성이었다. 전투로 인한 부상보다 열악한 위생 환경에서 발생한 감염으로 더 많은 병사가 목숨을 잃고 있었기 때문이다. 게다가 나이팅게일은 병사를 돌보는 데 그치지 않고 교차감염을 방지할 수 있도록 병상과 병동의 배치를 구체적으로 제안하는 등 행정가로서의 역량을 발휘했고, 그 결과 나이팅게일이 속해 있던 야전병원 부상병의 사망률은 42%에서 2%로 크게 낮아졌다.[22] 이후 긴 통로와 비좁은 방들로 이루어진 기존 병원의 구조는 감염을 키우는 위험한 환경으로 인식되기 시작했고, 나이팅게일은 병원의 근본적인 변화를

---

* 1853년 제정 러시아가 흑해로 진출하기 위하여 튀르키예, 영국, 프랑스, 사르디니아 공국 연합군과 벌인 전쟁.

촉구했다. 그 결과 조명과 환기 시설이 보강되었고, 병원 건물을 하나로 크게 짓는 것이 아니라 감염을 막기 위해 여러 개의 독립된 병동으로 이루어진 파빌리온pavilion형 병원으로 짓는 것이 새로운 표준으로 자리 잡았다.[23]

환기의 중요성은 시간이 지나면서 하나의 건축 철학으로 발전했다. 그 대표적 사례가 핀란드 건축가 알바 알토Alvar Aalto가 설계한 결핵 요양소 '파이미오 사나토리움Paimio Sanatorium'이다. 알토는 설계 당시부터 '건축이 어떻게 치유의 도구가 될 수 있을지'를 고민했다. 당시 가장 효과적인 결핵 치료 방법이 깨끗한 공기와 풍부한 햇빛이었기 때문에, 그는 환자들이 편안하게 일광욕을 할 수 있도록 테라스를 두고 병실 창문을 크게 내어 햇볕을 최대한 끌어들였다. 또한 누워 지내는 환자들이 눈부심으로 불편하지 않도록 조명을 시야 밖에 설치하고, 천장을 편안한 느낌의 회녹색으로 칠하는 등 병실 환경 전체를 섬세하게 설계했다.[24] 환자의 감각과 심리까지 고려한 '돌봄의 건축'이었다. 알토가 파이미오 사나토리움을 '의료 기구'라고 부르기를 좋아했다는 사실에서도 그의 철학을 엿볼 수 있다.

우리나라도 학교 건축에서 햇빛과 채광을 중요하게 고려해 왔다. 대부분의 교실을 남향으로 배치해 밝고 쾌적한 학습 환경을 조성하고, 복도 쪽에도 창문을 두어 공기의 흐름을 확보하려 했다. 그러나 최근에는 미세먼지와 소음 때문에 창문을 여는 날이 드물어지면서 교실의 공기가 정체되는 경우가 많아졌다. 이에 학교에서는 공기청정기를 설치하며 대안을 마련하고 있지만 한계가 있다.

이제 새로 짓는 학교에는 기계 환기 설비를 반드시 설치해야 한다.[25] 그러나 우리나라 학교의 상당수는 지어진 지 30년이 넘은 건물로, 신축보다는 리모델링을 통해 시설을 보완하는 경우가 많다. 이런 경우에는 법적으로 기계 환기 설비 설치 의무가 적용되지 않는다. 기존 학교도 여건을 고려해 가능하면 기계 환기 설비를 우선 도입하도록 권고하지만, 부득이한 경우 공기청정기 설치로 대체할 수 있도록 하고 있다. 문제는 공기청정기는 어디까지나 실내 공기를 반복적으로 걸러주는 장치일 뿐, 바깥의 신선한 공기를 들여오는 환기 기능은 없다는 점이다. 결국 학생들의 호흡 환경을 근본적으로 개선하려면 제대로 된 환기 설비가 필수적이다.

학교 건축에서도 공기질을 적극적으로 고민해야 할 때다. 환기가 아이들의 건강과 직결된다는 점을 분명히 인식하고 기계 환기 시스템 도입을 서둘러야 한다. 더 나아가 공기질을 체계적으로 관리할 수 있도록 통합 센서 시스템을 구축해 교실마다 이산화탄소, 미세먼지, 휘발성유기화합물 등의 농도를 실시간으로 확인할 수 있어야 한다. 이러한 데이터를 바탕으로 환경을 정밀하게 관리할 때, 비로소 아이들은 맑은 공기 속에서 편안하게 숨 쉬며 성장할 수 있다.

5부

비인간

존재와의 공존

인간은 뛰어난 지적 능력을 가졌지만 자연환경을 대하는 태도는 매우 근시안적이다. 눈앞의 편리함과 경제적 이익만으로 너무나도 쉽게 자연환경을 파괴하기 때문이다. 덕분에 우리는 지금 여섯 번째 대멸종의 한가운데에 서게 되었다.

회색 정글의 미래

도시 생태 복원

우리는 회색 정글에서 살고 있다. 본래 이 땅에서 살아가던 식물, 곤충, 동물들이 떠난 자리에 우리 인간은 회색 구조물들을 빼곡히 세웠다. 그로 인해 여름날이면 아스팔트로 포장된 거리가 뜨거운 햇볕을 그대로 흡수해 도시의 온도가 지나치게 높아지고 있고 대기오염이 일상의 위협이 되었다. 땅은 빗물을 머금지 못해 때가 되면 곳곳이 침수되고 있으며, 작은 숲이나 습지 같은 생태공간이 사라지면서 참새나 제비, 개구리 같은 흔했던 동물들은 물론 나비와 잠자리까지도 보기 어려워졌다.

도시화가 진행되면서 본래 자연의 흐름은 크게 훼손되었다. 다양한 생명이 먹고 쉬고 번식하며 살아가던 서식지가 사라졌고, 서식지와 서식지를 이어주던 생태축도 끊어져 버렸다. 살아 있는 것들 중 터전이 필요 없는 것이 어디 있으랴. 터전이 없어지니 많은 생명이 사라지고 있다. 녹지의 파괴는 자연의 생명력만 약화하는 것이 아니라 인간에게도 영향을 미친다. 녹지가 줄어들면 열섬현상이 더 심화될 것이다. 게다가 도시의 녹지공간이 환경성 질환에 긍정적인 영향을 미쳤음을 나타내는 연구 결과가 나온 것을 보면[01] 녹지 파괴가 우리 건강에 악영향을 끼치고 있을 가능성이 매우 높은 상황이다. 바야흐로 지구 열탕화 시대, 시민의 생명과 건강을 지키기 위해서라도 도시 생태 복원은 선택이 아닌 필수로 다가오고 있다.

불안정하고 불완전했지만, 2003년부터 2005년까지 진행된 서울 청계천 복원 사업을 도시 생태를 되살린 사례로 꼽을 수 있다. 과거 청계천은 콘크리트로 덮여 있었고, 그 위에 놓인 고가도로를 지나는 수많은 차로 인해 소음과 매연으로 가득한 곳이었다. 이 시기 청계천은 도시가 배출한 쓰레기와 오물 때문에 사실상 하천의 기능을 잃은 상태였다. 청계천 복원 사업은 이 고가도로를 철거하고 하천 주변에 산책로와 녹지 등의 수변공간을 조성함으로써 도심 속 자연의 일부를 되살렸다. 그 덕분에 오늘날 청계천은 맑은 물이 흐르는 시민들의 휴식 공간이자 다양한 수중생물을 비롯해 백로와 왜가리, 수달 등 야생생물들이 찾는, 자연과 인간이 공존하는 공간으로 탈바꿈했다.

물론 아쉬움도 있다. 이 복원 사업은 청계천을 자연 하천 그대로의 모습으로 복원하지는 못했기 때문이다. 본래 청계천의 발원지는 백운동천白雲洞川이라는 인왕산 자락의 계곡수였다. 그런데 도시화로 인해 물줄기가 끊겨 건천이 된 상태라, 지금의 청계천 물은 멀리 떨어져 있는 한강에서 기계 장치를 통해 물을 역으로 끌어와 인

위적으로 흘려 보내고 있는 것이다. 그러므로 청계천 복원 사례는 한번 무너진 생태계를 복원하는 것이 얼마나 어려운 일인지 보여 주는 사례이기도 하다. 그럼에도 천연기념물이자 멸종위기종인 수달까지 목격되고 있다는 사실만큼은 도시 생태 복원에 대한 희망을 품게 만든다.

도시 생태 복원이 꼭 청계천 복원 사업처럼 거대하고 복잡한 일만 있는 것은 아니다. 도심 곳곳에 흩어져 있는 작은 녹지를 서로 연결하고 동물들이 안전하게 이동할 수 있는 생태통로를 만드는 것도 도심 속 생태복원의 일환이다. 건물 외벽이나 옥상에 식물을 심어 작은 곤충이나 새가 쉬어 갈 수 있는 서식처를 조성하는 것도 방법이 될 것이다. 이러한 노력은 미래 세대가 조금은 나은 환경, 적어도 우리와 유사한 환경에서 살아갈 수 있게 만드는 우리 세대의 의무이기도 하다.

싱가포르는 도시 전체가 하나의 정원이다. 그 시작은 1960년대 초대 총리 리콴유李光耀가 추진한 '정원 도시Garden City' 정책에서 비롯되었다. 그는 경제개발에 힘쓰면서도 최대한 많은 녹지를 확보해 시민들의 삶의 질을 높이고자 했다. 정원 도시 정책은 시간이 흐르며 계속 확장되었다. 2012년 싱가포르 정부는 이를 '정원 속의 도시City in Garden'로 발전시켜, 녹지를 매개로 시민들을 하나로 연결했다. 도심에 대규모 정원 '가든스 바이 더 베이Gardens by the Bay'를 조성하여 시민 누구나 동등하게 자연을 누릴 수 있는 공간을 만든 것이다. 그리고 싱가포르는 2021년 다시 한번 '자연 속의 도시City in Nature'라는 새로운 비전을 제시했다. 이는 기후변화에 대응하고 도시의 생태 회복력을 더욱 강화하기 위한 정책이다. 가로수와 건물 녹화를 통해 열섬현상과 대기오염을 완화하고, 생물다양성을 갖추겠다는 것이다. 기사에 따르면 "새와 나비를 관찰하는 '시민 과학자' 교육을 강화"하고 "2030년까지 모든 가정에서 10분 이내의 도보 거리에 공원이 있게 하"는 것이 목표라고 하는데,[02] 그야말로 '녹색도시'에 걸맞은 목표다. 싱가포르에서 '자연'은 이미 시민이라면 누구나 누릴 수 있는 보편적 권리가 되었다.

유럽의 정책도 눈여겨볼 만하다. 영국은 런던을 하나의 거대한 국립공원으로 만들겠다고 국가적으로 선언했다. 2050년까지 런던을 자연 친화적 공간으로 만들기 위해 무분별한 도시개발을 엄격히 제한하겠다는 것이다. 개발이 불가피한 지역의 경우 옥상정원, 자연 기반 배수시설 등 다양한 녹색 인프라를 확충하도록 요구하고 있다.* 한편 독일은 도심 속 생태의 변화를 장기적으로 모니터링하고 있다. 베를린은 1990년부터 산림생태계의 변화와 주요 대기오염원을 조사해 왔는데, 이렇게 축적된 신뢰도 높은 자료는 도시 생태 복원 정책을 설계하고 실행하는 데 활용되고 있다.

일본의 경우 정부뿐 아니라 민간기업에서도 도시 생물다양성을 보존하기 위해 적극적으로 나서고 있다. 주택 건설 회사 세키스이 하

---

* 런던은 향후 20~25년 동안 런던이 어떻게 발전해 나갈 것인지에 대한 비전을 담은 「런던 플랜 2021The London Plan 2021」을 수립했으며, 이 계획에는 지속 가능한 도시 발전에 대한 종합적인 전략이 담겨 있다.

우스Sekisui House의 '다섯 그루의 나무 프로젝트'가 대표적이다. '새를 위한 나무 세 그루, 나비를 위한 나무 두 그루'를 슬로건으로 내건 이 프로젝트는, 일본 전역을 기후와 토양에 따라 권역으로 나눈 뒤 각 권역 정원에 다섯 그루의 나무를 심는 프로젝트다. 지난 20년 동안 이 프로젝트를 통해 1700만 그루가 넘는 나무가 심어졌으며, 그 결과 조류가 두 배, 나비는 다섯 배까지 증가한 것으로 추정하고 있다.[03]

우리나라도 2020년부터 도시 생태 복원 사업을 추진하고 있다. 도시의 훼손된 생태계를 복원하여 생물다양성을 높이고, 기후변화와 환경문제로 위협받는 시민들의 삶의 질과 건강을 지키기 위함이다. 그런데 아쉽게도 현재 우리의 생태 복원 사업은 생태적 기능을 강화하기보다 시민의 접근성이나 미적 만족에 초점을 두는 경향이 있다는 비판을 받고 있다.[04]

가로 녹화, 옥상 및 벽면 녹화, 가드닝gardening 등 도시 생태 복원을 위한 여러 방안은 행정적 지원이 필수적이다. 그런데 그에 못지않게 중요한 것이 있으니 다름 아닌 시민 공동체의 적극적이고 자발적인 참여다. 우리가 심고 가꾸는 나무 한 그루, 작은 정원과 텃밭이 작은 생명들이 살아갈 수 있는 소중한 서식지가 되고 이러한 작은 공간들이 모이면 생태계가 회복되는 데 큰 힘이 될 수 있다. 끊어진 생태축과 파괴된 도시 생태를 하루르도 빨리 복원하고자 한다면 사회적 노력과 개인적 노력이 병행되어야 한다.

우리의 손으로 다시 도시의 생태를 살려내는 날이 올까? 그런 날이 어서 오길 손꼽아 기다려본다.

도시의 잔혹 우화, 로드킬

야생동물을 살리는 길

출퇴근길 도로 위에서 핏기 있는 털 뭉치를 마주할 때가 있다. 으스러져 형체를 알 수 없게 되었지만 그것이 로드킬roadkill을 당한 동물의 사체라는 것은 금방 알 수 있다. 야생동물이 도로에 뛰어들어 자동차에 치여 죽는 사고를 우리는 '로드킬'이라 부른다. 로드킬로 희생되는 동물은 고라니, 너구리, 멧돼지, 노루, 오소리 같은 숲속 동물부터 개나 고양이 같은 도시 인근에서 살아가는 동물까지 매우 다양하다. 인간이 편의를 위해 만든 도로가 야생동물들에게 기다란 죽음의 덫이 되고 있다.

교통망이 발달할수록 동물들의 서식지는 필연적으로 파괴된다. 산업화와 함께 전국에 깔린 도로와 철도는 전국을 거미줄처럼 촘촘하게 연결해 주었지만, 정작 동물들의 서식지는 잘게 끊어놓았다. 길이 끊어져 버리니 먹이를 찾아 이동하던 야생동물들이 차도를 건널 수밖에 없게 된 것이고 자연스레 로드킬이 발생하게 된 것이다. 로드킬은 인간의 필요와 효율만을 중심으로 설계된 도시가 어떻게 생태계 전반에 폭력을 가하는지를 보여주는 단적인 사례라 할 수 있다.

2020년부터 2024년까지 전국 고속도로에서 발생한 로드킬은 5300건으로 집계되었다. 가장 많이 희생된 동물은 고라니로 전체 사고의 83.5%를 차지했으며, 그 뒤를 너구리(6.5%), 멧돼지(5.2%)가 이었다. 고라니 사고가 유독 많은 이유는 상위 포식자가 사라져 고라니의 개체 수가 크게 늘어난 데다, 봄이 되면 활발히 이동하는 특성[05] 때문에 로드킬에 특히 취약하기 때문이다.*

로드킬을 방지하고 동물과 공존하는 사회를 만들고자 한다면 우리 도시에 변화를 불러와야 한다. 다양한 생명과 공존할 수 있는 공간으로의 변화를 말이다. 이미 만들어진 도로를 없애자는 것은 물론 아니다. 그래도 서식지를 갈라놓은 인간으로서 터전을 잃은 동물들을 위해 새로운 길을 설치할 수는 있지 않을까. 미국과 여러 유럽 국가들은 이미 오래전부터 고속도로와 철도 주변에 야생동물을 위한 생태통로를 설치해 왔다. 생태통로란 야생동물들이 자유롭게 이동할 수 있도록 도로 위로 다리를 놓거나 도로 아래로 굴을 파서 마련해 놓은 통로를 말하는데, 로드킬을 방지하고 그들

---

* 우리나라에서 유해조수 취급을 받고 있는 고라니는 전 세계적으로 보았을 때 개체 수가 많지 않은 희귀종이자 멸종위기 상태에 접어들고 있는 동물이다. 전 세계 고라니의 90%가 우리나라에 서식하고 있으며 나머지는 중국 일부 지역에 서식하는데, 중국에선 사실상 멸종 단계에 진입하여 국가적으로 보호하고 있는 상황이다. 그러므로 우리나라 고라니의 서식 환경을 보호하는 일이 곧 세계 고라니의 존속과 직결된다는 말은 과장이 아니다.

의 서식 공간을 이어주는 효과적인 수단이다. 공간이 단절되어 서식지가 좁아지면 야생동물들은 근친교배로 유전적 다양성을 잃을 위험이 커지는데, 생태통로는 이런 문제를 해결해 주는 열쇠가 되기도 한다.

고라니, 노루, 사슴, 멧돼지 같은 동물들이 시기에 맞추어 서식지를 옮길 때 이러한 생태통로를 이용할 수 있다. 한편 다람쥐나 족제비 같은 작은 포유류, 파충류, 곤충 등은 생태통로 근방에 머물며 오랜 기간 서식하기도 한다. 이렇듯 다양한 생명체가 다양한 목적으로 생태통로를 이용하는 만큼, 생태통로를 '지나가는 길' 정도로 만들어두고 끝낼 것이 아니라 인간 때문에 위기에 처한 동물들의 생존과 번식에 필요한 자원도 함께 갖춰둘 필요가 있다. 먹이가 될 수 있는 열매와 풀, 몸을 숨길 수 있는 덤불을 마련해 두거나 습지 같은 환경을 조성하는 등의 노력을 기울인다면 생태통로는 야생동물에게 길이자 식탁, 집이자 삶터가 될 것이다.

세계에서 가장 큰 규모의 생태통로는 네덜란드에 있다. 길이가 무려 800m나 되고 폭도 50m에 달한다.[06] 독일과 호주는 로드킬을 방지하기 위해 아예 도로 설계 단계부터 야생동물의 이동 경로를 면밀히 분석하여 생태통로를 계획하고 있다고 한다. 또한 캐나다 밴프 국립공원Banff National Park에서는 44개의 생태통로를 설치를 통해 로드킬을 80% 이상 줄이는 성과를 거두었다고 하니,[07] 생태통로의 필요성을 절감하지 않을 수 없다. 우리나라도 멸종위기 야생동물이 서식하거나 이동하는 주요 지역에 생태통로를 설치해 왔는데, 다행히도 그 범위가 점차 확대되고 있다.

이토록 생태통로가 중요하다 할지라도, 그건 어디까지나 이미 파괴되고 단절된 서식지를 보완하기 위한 조치일 뿐이다. 근본적인 해결을 위해서는 도로나 철도를 설계하는 단계에서부터 서식지의 파괴와 단절을 최소화하려는 노력이 선행되어야 한다. 로드킬을 예방하기 위한 현실적 방법 중 하나가 울타리나 터널, 담장 같은 시설물을 설치하는 것이다. 동물들이 아예 도로에 접근하지 못하게 막거나 우회하도록 유도하는 방식인데, 애석하게도 동물들이 인간의 의도대로 잘 움직여 주질 않는다는 게 문제다. 그러니 시설물 설치와 함께 차량 속도제한 같은 직접적인 조치를 함께 시행한다면 보다 효과적일 것이라는 의견이 나오고 있다.[08] 어린이보호구역이나 노인보호구역에서 차량의 속도를 제한하듯 로드킬 사고가 빈번한 구간에 제한속도를 설정하고 감시를 강화한다면 위험천만한 로드킬 사고를 확 줄일 수 있을 것이다.

먹이를 찾거나 서식지를 옮기기 위해 큰 차도를 건너는 산속 동물들이 있다면, 도시에서 우리와 함께 살아가는 이른바 '경계 동물liminal animal'*들도 있다. 이들도 로드킬의 대상이다. 도시에선 특히 고양이가 로드킬로 가장 큰 피해를 입고 있다. 2023년 고양이 로드킬은 3만 8143건으로 집계되었는데, 이는 같은 해 고라니 로드킬

---

* 캐나다의 철학자 수 도널드슨Sue Donaldson과 윌 킴리카Will Kymlicka는 참새, 생쥐, 갈매기처럼 인간의 정착지에 적응해 살아가는 동물을, 야생동물과 사육동물의 경계에 놓였다는 의미에서 '경계 동물'이라 규정했다.(수 도널드슨·윌 킴리카, 박창희 옮김, 『주폴리스』, 프레스탁, 2024년, 387~388쪽.)

건수(1만 8267건)의 두 배가 넘는 수치다.[09] 이에 대한 문제의식 속에서 2025년 서울 은평구는 길고양이를 위한 생태통로 설치를 지원하는 조례를 마련했다. 철거나 공사 등의 도시정비사업으로 인해 서식지를 잃은 고양이들의 이동 중 로드킬 사고가 빈번하게 발생하자, 정비사업이 진행되는 정비구역 내에서 고양이들이 안전하게 이동할 수 있도록 생태통로를 설치한다는 것이었다.[10] 이 또한 도시설계 단계부터 동물을 관리의 대상보다는 공존의 대상으로 인식하고 세심하게 접근한 사례라 할 수 있다.

사실 도시뿐 아니라 농촌의 농업시설도 야생동물의 목숨을 위협하고 있다. 특히 농수로農水路로 인한 야생동물의 피해는 로드킬로 인한 피해만큼이나 심각한 상황이다. 기사에 따르면 매년 전국적으로 9만 마리 이상의 야생동물이 농수로에서 폐사하고 있다. 농사에 필요한 물을 끌어오기 위해 설치된 농수로는 대부분 경사나 돌출부가 없는 콘크리트 수직 벽이라 한번 빠지면 동물이 스스로 빠져나오기 어려운 구조이기 때문이다. 농수로에 빠진 야생동물이 스스로 탈출할 수 있게 만들려면 측면에 완만한 경사로나 계단 등의 탈출구를 마련해 놓아야 하는데 현재 우리 농수로에는 이러한 탈출구가 거의 없는 실정이다. 이 때문에 새끼는 물론이고 고라니처럼 다리가 긴 포유류, 뱀과 개구리 같은 양서류와 파충류까지 농수로에 한번 빠지면 올라가지 못해 말라 죽는 일이 많다.[11]

농수로에서 야생동물이 죽는 피해가 급증하자 2023년 6월 「야생생물 보호 및 관리에 관한 법률(약칭 '야생생물법')」이 개정되었다.

야생동물이 추락할 수 있는 수로 등의 인공구조물을 설치하는 경우 탈출 시설을 마련하고, 야생동물이 추락하지 않고 횡단할 수 있도록 이동로와 회피 유도 시설을 설치하도록 한 것이다.[12] 하지만 이 법은 소급 적용이 되지 않아 한계가 매우 크다. 현장에서는 야생동물들의 피해가 크게 줄지 않은 상황이라고 하니 현실적인 후속 대책이 절실하다. 언제까지 인간이 만든 구조물이 야생동물의 무덤이 되게 할 것인가.

인류는 오래전에 야생동물의 삶터와 편의를 맞바꾸었다. 인간에게는 문명이었으나 그들에게는 야만이었으리라. 우리가 진정 생태계에서의 야생동물의 역할을 인지하고 있다면, 공존을 생각한다면 이제라도 야생동물들이 스스로 자리를 찾고 습성대로 이동하며 살아갈 수 있는 공간을 충분히 마련해야 한다. 그것은 분명, 그동안 우리가 파괴해 온 것에 비하면 아무것도 아닌 일일 것이다.

포식자가 만든 피식자들의 공간

취급되는 존재들의 집

식용을 위해 키우는 닭을 육계라고 부른다. 육계 사육 케이지의 기준 면적은 한 마리당 0.046㎡이다. A4 용지 한 장이 0.062㎡이니 그보다 좁다. 육계는 평생을 이 좁은 공간에서 살아간다. 평생이라 해도 고작 30일 정도밖에 안 되지만 말이다. 오늘날 육계는 빨리 자라고 빨리 살이 찌도록 품종이 개량됐다. 체중은 급격히 증가하는데 제대로 움직일 수 없는 공간에서 살다 보니 다리가 몸을 제대로 지탱하지 못한다. 육계가 다리 질환이 많은 이유이다. 달걀을 얻기 위해 키우는 산란계나 번식을 위해 키우는 종계의 케이지 기준 면적은 마리당 0.075㎡이다. A4 용지 한 장이 겨우 넘는 크기인데, 이 역시도 날개를 펼치거나 걷는 등의 기본적 행위가 힘든 좁은 공간이다. 닭으로 태어났는데 날개를 펼 수도 걸을 수도 없는 환경에서 살면서 알만 낳다 보니 극도의 스트레스를 받아 이상행동을 하기도 한다. 부리로 옆의 닭을 쪼아 상처를 내는 '깃털쪼기'가 대표적이다.

만물의 영장이라 자칭하는 인간은 이러한 닭의 이상행동에 대한 대응으로 부화 후 부리를 마취도 없이 잘라버린다. 이른바 '부리다 듬기'이다.

오리도 비슷한 처지이다. 주지하다시피 오리는 본래 물에서 헤엄치며 먹이 활동을 하는 동물로 활동 영역이 꽤 넓은 편이다. 이런 오리의 경우 사육 시설 기준 면적이 육용은 한 마리당 0.246㎡, 산란용은 한 마리당 0.333㎡이다. 심지어 창문이 없는 무창 축사나 바닥이 지면에서 떨어져 있는 고상식의 축사는 기준 면적이 더 작은 0.15㎡이다. 무창 축사는 온도나 습도, 즈명까지도 인간이 제어할 수 있는 효율적 환경이라고, 고상식 축사는 배설물이 즉시 분리가 되어 인간이 위생과 질병을 잘 관리할 수 있다고 보다 높은 밀도의 사육이 허용되는 것이다.

돼지의 상황도 심각하다. 임신한 돼지는 1.4㎡의 '스톨stall'이라는 철제 틀에서 사육된다. 돼지는 서열이 분명한 동물이다. 여러 마리를 함께 키우면 서열 다툼 때문에 임신한 돼지가 유산하거나 다치는 일이 생길 수 있다. 이런 서열 싸움 자체를 근본적으로 차단하고자 스톨에 한 마리씩 가둬 키우는 것이다. 게다가 스톨 사육은 돼지가 아프거나 이상 징후를 보일 때 돼지를 붙잡느라 힘을 빼지 않아도 되니 편리하다. 문제는 돼지가 지능과 사회성이 상당히 높은 동물이라는 것이다. 코를 이용해 흙을 파헤쳐 먹이를 찾고 무리 생활을 하는 습성이 있는 돼지를 스톨에 가두어 놓으면 다양한 문제가 발생할 수밖에 없다. 다른 돼지들과 교류를 할 수도, 몸을 움직일 수도 없게 만들어 놓은 탓에 돼지들이 철창을 씹는 등의 자해 증상을 보이는 데다, 콘크리트 바닥에 앉거나 누워만 있어 다반사로 욕창이 생긴다. 고기 생산을 위한 비육돈도 비슷한 상황이다. 비육돈의 사육 기준 면적은 마리당 0.8㎡인데 돼지의 신체 크기와 생태 습성을 고려하면 이 역시 비좁기 그지없는 넓이다. 비육돈은 출하까지 약 3개월간 110kg 내외로 자라고 몸길이도 1m가 훌쩍 넘기 때문이다. 오늘날 수많은 동물들이 이렇게 본능과 습성을 부정당하는 환경에 갇혀 있다. 인간이 그토록 애정해 마지않는 생산성과 효율 때문이다.

이런 비정상적인 환경에서 가축을 '생산'하는 시스템은 여러 문제를 낳는다. 사육장이 워낙 밀집되어 전염병이 한번 돌면 급속히 전파되다 보니, 전염병이 발견되면 대규모로 살처분을 진행한다. 병에 걸리지 않은 그 일대 농가의 동물들까지 전부 말이다. 2020년 가을 고병원성 조류인플루엔자가 발생했을 때 끔찍하게 살처분된 가금류가 무려 3000만 마리에 달한다. 이러한 '묻지마식' 살처분은 윤리적으로 문제가 될 뿐만 아니라 경제적으로도 큰 손실을 불러올 수밖에 없다. 게다가 연구에 따르면 살처분 과정에 참여했던 노동자들은 강한 정신적 충격을 받고 우울 증세를 보였다고 한다.[13] 문제는 이러한 전염병이 거의 매년 발생하고 있다는 것이다. 그래서 축사에서는 평소 항생제를 과다하게 사용하는 경우가 많은데, 우려스럽게도 항생제 과다 사용이 항생제 내성균의 발생을 유발하고 이 균이 여러 경로를 통해 인간에게 전파될 수 있다는

주장도 나오고 있다.[14]

끔찍한 소식을 매년 반복해 듣다 보면 다소 절강감이 찾아오지만, 그래도 핀란드 사례를 통해 희망을 발견하고 위로를 받고 있다. 핀란드는 유럽에서도 가장 엄격한 동물복지법을 시행하는 나라다. 핀란드의 동물복지는 '원 헬스One Health'라는 개념에 뿌리를 두고 있다. 인간과 동물의 건강이 하나로 연결되어 있다는 의미로, 동물이 행복하고 건강해야 인간도 건강하다는 믿음이 축산 시스템 전반을 지배하는 것이다. 사회성을 지닌 돼지의 경우 그 습성을 존중하여 작은 무리가 함께 어울려 살아가게 만들고, 코로 땅을 파거나 분만을 앞둔 어미 돼지가 '둥지짓기'*를 할 수 있는 환경을 조성한다. 가장 선명하게 드러나는 차이는, 핀란드는 돼지의 꼬리를 자르는 것을 금지하고 있다는 것이다. 좁은 공간에서 극심한 스트레스를 받은 돼지들은 서로의 꼬리를 물어뜯는다. 이를 막기 위해 대부분의 국가가 새끼 때 꼬리를 잘라버리는 방법을 선택한다. 원인이 되는 환경은 그대로 둔 채 현상만 보고 꼬리를 잘라 문제를 방지하려는 것이다. 그런데 핀란드에서는 이런 꼬리 자르기를 법으로 금지하고 있다. 꼬리를 자르는 대신 위에서 언급한 대로 돼지들이 스트레스를 받지 않을 환경을 만드는 데 집중하는 것이다. 동물의 습

---

* 자연 상태에서 분만을 앞둔 돼지는 수 킬로미터를 돌아다니며 둥지를 지을 장소를 찾는다. 그리고 안전한 곳을 찾으면 앞다리와 주둥이로 땅을 파고 구덩이 주우에 나뭇가지, 풀, 지푸라기 등을 쌓다 분만 장소를 만든다. 은신처를 만듦과 동시에 아기 돼지에게 젖을 먹이는 데 최적의 환경을 조성하는 것이다.(양가영 외 6인, 「영상정보에 의한 모돈의 분만징후 행동특성 분류」, 『한국산학기술학회논문지』, 19권, 12호, 2018년, 607~613쪽.)

성을 존중한 공간을 조성하여 동물들이 받는 스트레스를 줄이고 질병 발생 가능성을 낮추다 보니 자연스레 항생제 사용량도 현저히 줄었다. 핀란드는 현재 가축에 사용하는 항생제의 양이 유럽에서도 가장 낮은 수준이다.[15] 동물을 위한 환경 조성이 결국 인간의 건강권과 연결되는 장면이다.

기후변화 시대에 접어든 오늘날 우리의 축산 환경은 더 가혹해지고 있다. 지난 2025년 7월 29일 단 하루 동안에 10만 3885마리의 가축이 폐사했다.[16] 폭염 때문이었고 대부분이 닭, 가금류였다. 닭은 41도 내외의 높은 체온을 갖고 있는데, 온몸이 깃털로 덮여 있는 데다 땀샘 발달이 적어 더위에 특히 취약하다. 외부 온도가 30도를 넘어서면 닭은 생존을 위해 필사적으로 몸을 식히려 애쓴다. 입을 벌려 가쁘게 숨도 쉬고 날개를 들어 올리거나 흙으로 목욕을 한다. 그런데 좁은 케이지에서 그런 일이 가능할 리가 없다. 앞서 말했지만 육계 케이지의 한 마리당 기준 면적은 A4 용지 면적보다 작다. 쉽게 몸을 돌릴 수도 날개를 활짝 펼칠 수도 없는데 열을 제대로 식힐 수가 있겠는가. 그저 속수무책으로 죽음을 기다릴 뿐이다. 환풍기나 냉각장치가 절실하지만 이런 설비를 갖춘 양계농가는 10%에 불과하다고 한다. 그러다 보니 농가들은 지자체에서 지급하는 스트레스 완화제만을 기다리고 있다고 한탄하는 상황이다.[17]

생명에 대한 존중은 사육장에서만 필요한 것이 아니다. 동물이 생을 마감하는 도축의 순간까지도 이어져야 한다. 우리의 도축장 현실은 동물에게 극한의 공포와 고통을 주는 환경이다. 동물들은 비좁은 케이지에 갇혀 트럭으로 도축장까지 이동하는데, 이동 중에 부상을 입거나 탈진하는 경우가 허다하다. 도축장에 도착해서도 도축의 순간까지 긴 고통의 시간이 남아 있다 도축을 기다리는 동안 머무는 계류장은 동물들이 앉거나 눕기조차 힘든 밀도다. 동물들은 물도 마시지 못한 채 오랜 시간을 그런 곳에서 대기해야 한다. 운송 중에 다친 동물들은 치료도 없이 방치되며 극심한 고통에 시달리게 된다. 도축 과정 자체도 원활하지 않다. 동물들이 공포를 느껴 컨베이어벨트에 오르기를 거부하던, 강제로 끌어내는 과정에서 추가적인 상처를 입는다. 또 도축이 지연되면 동물들은 밀집된 그 공간에서 밤새 공포에 떨며 다음날을 기다린다. 동물 학대나 다름없는데도 아직 제도가 미흡한 상황이다.

자폐인으로서 동물의 시선에서 세상을 이해했던 미국의 동물학자 템플 그랜딘Temple Grandin은 소가 겁먹지 않고 스스로 걸어갈 수 있는 이동통로를 설계했다. 그녀는 소를 도축장에 보내야 한다면 최소한 그 과정에서 느끼는 공포와 고통을 줄여주는 것을 인간의 도리라고 여겼다. 이는 동물의 마지막 길을 배려함과 동시에 감사함을 표현하는 인간의 자세였다. 오늘날 북디에 있는 소 도축장의 절반가량이 그랜딘의 설계를 채택해 운영하고 있다.[18]

암탉은 평생 비좁은 우리에 갇혀 알만 낳다가 도축장으로 끌려가는 날 처음이자 마지막으로 햇빛을 보고 바람을 쐰다고 한다. 이것이 공장식 축사에 사는 대부분의 '고기'의 현실이다. 아무리 가축이라 할지라도 삶과 죽음을 마주하는 공간만큼은 최소한의 생명

윤리를 담고 있길 바란다. 그렇게 만드는 것이 동물들의 희생에 대한 인간으로서의 책임 있는 응답일 것이다.

어긋난 공간 일그러진 공존

지금, 우리 옆의 동물들

사자는 사방이 시멘트 벽으로 막혀 햇빛도 제대로 들지 않는 좁고 어두운 방에서 7년을 갇혀 지냈다. 사자의 보폭으로 열다섯 걸음이 채 안 되는 비좁은 공간에서 사자는 온종일 허공을 바라보거나 무기력하게 누워 있었다. 제대로 먹지 못해 갈비뼈가 드러날 만큼 몸이 앙상하게 말라 있었고, 군데군데 털도 빠져 있었다. 이 처참한 모습이 인터넷을 통해 빠르게 퍼졌고 많은 이들이 충격과 분노를 감추지 못했다. 곰팡이가 피고 악취가 진동하던 사육장에서 구조된 이 사자는 삐쩍 마른 몰골 때문에 '갈비 사자'라 불렸다.

코로나19 사태 이후 경영이 어려워진 동물원 측에서 관리가 소홀했음을 인정했고, 계속되는 논란에 결국 사자에 대한 소유권을 포기했다. 이후 사자는 새로운 동물원으로 옮겨지며 '바람'이라는 이름을 얻었다. 남은 생은 바라는 대로 살다가라는 뜻을 담아 동물원 수의사가 지어준 이름이었다. 새 보금자리는 이전과 달랐다.

그곳엔 나무와 흙 그리고 바람이 있었다. 바람이는 처음으로 만난 뻥 뚫린 하늘을 오래도록 올려다보았다고 한다.[19]

그런데 애석하게도 이와 비슷한 사례가 꽤 많다. 2025년 4월 대전충남녹색연합이 곰, 호랑이, 표범, 사막여우 등 다양한 동물을 사육하고 있는 한 대전 소재 동물원의 사육환경을 조사했는데, 대부분의 동물들이 그 생태적 특성과 전혀 맞지 않는 환경에서 지내고 있음이 드러났다. 기사에 따르면 곰들이 무기력하게 시멘트 바닥에 누워 있거나 방사장 내부를 빙빙 돌며 문을 두드리는 이상행동을 보였다고 한다.[20] 나 역시 한 동물원에 갔다가 같은 자리를 빙빙 돌던 곰을 본 기억이 있는데, 이는 좁은 공간에 오래 갇혀 지내는 동물에게서 자주 나타나는 증상이다. 은폐 공간이 많은 어두운 숲에서 살아가는 곰을 햇볕을 피할 그늘조차 없는 시멘트 방사장에 그저 눈요깃거리로 전시해 놓으니 곰들이 극도의 스트레스를 받지 않을 수가 있겠는가. 아직도 동물원의 동물들이 이런 환경에서 살아간다니, 한없이 안타깝기만 하다.

동물원은 시대에 따라 그 모습과 성격을 달리했다. 권력과 부의 상징이 되기도 오락의 대상이 되기도 했던 동물원은, 오늘날에는 야생동물을 보전하여 생물다양성을 지킴과 동시에 시민들에게 동물에 대한 다양한 정보를 제공하는 공간으로 자리 잡았다. 실제로 「동물원 및 수족관의 관리에 관한 법률(약칭 '동물원수족관법')」은 동물원을 "야생동물 등을 보전·증식하고 그 생태·습성을 조사·연구함으로써 생물다양성을 보전하며, 국민에게 전시·교육을 통해 야생동물에 대한 다양한 정보를 제공하는 시설"로 정의하는데, 결국 동물원의 궁극적 지향점이 '동물과 인간의 공존'에 있음을 시사하는 대목이다. 그런데 위의 사례 같은 소식을 들으면 정말 오늘날의 동물원이 그러한 책무를 다하고 있는지 자꾸만 의문을 갖게 된다. 그저 전시를 목적으로 운영되고 오락 차원에서만 소비되고 있는 것은 아닐까.

다행히 동물복지와 자연 그대로의 사육환경을 추구하는, 모범이 될 만한 동물원도 있다. 바로 약 8만 5000평 규모의 '싱가포르 동물원Singapore Zoo'이다. 1973년 문을 연 싱가포르 동물원은 규모로 보면 서울대공원 동·식물원의 8분의 1도 안 된다. 그럼에도 이곳이 세계에서 가장 훌륭한 동물원으로 평가받는 이유는, 인간이 만든 공간에 동물들을 전시해 놓은 것이 아니라 인간이 자연 속으로 들어가서 관찰하도록 동물원을 설계했기 때문이다. 싱가포르 동물원은 자연의 숲 환경을 모방한 생태적 공간에 동물원을 조성했다. 철창을 최소화하고 그 대신 웅덩이, 시냇물, 바위, 나무 등으로 동물과 관람객 사이에 경계를 두었다. 이곳의 침팬지들은 나무 위에서 서로의 털을 골라주고, 오랑우탄들은 넓은 풀밭을 마음껏 뒹굴며 논다. 심지어 산양은 암벽을 타고 악어는 나무 그늘이 드리워진 늪에서 쉰다.[21] 이곳을 방문한 관람객들이 보는 것은 전시된 동물이 아니라, 이렇게 자연 속에서 살아가는 동물들의 모습이다.

동물원을 진정 교육적 가치를 지닌 곳으로 만들려면 싱가포르 동물원처럼 동물들이 저마다의 습성대로 살아갈 수 있는 환경을 조성해야 한다. 인간이 짜놓은 시간표에 따라 먹고 쉬고 활동하는 것은 결코 '자연'스러운 삶이 아니다. 배가 고플 때 스스로 먹고 피곤할 때 쉬고 놀고 싶을 때 놀면서 마음껏 다른 동물들과 교류할 수 있는 자유가 그들에게도 필요하다. 이는 지금처럼 관람객이 방사장 안 동물들을 뚫어지게 쳐다보는 환경에서는 실현될 수 없다. 동물들이 자연 속에서 살며 최대한 사람의 시선을 느끼지 않도록 해야 한다. 바위틈이나 나무숲 같은 은신처가 있어 동물들이 언제든 그 안에 들어가 쉴 수 있어야 할 것이다. 또한 동물원 일부 공간을 관람객의 시야에 들어오지 않는 사각지대로 설정할 필요도 있다. 이러한 설계는, 동물과의 만남에는 기다림이 필요하다는 메시지를 전달함으로써 동물을 단순한 구경거리가 아닌 우리 옆의 생명체로 인식하게 만드는 계기를 제공할 수 있다.

최근에는 좁은 실내 공간에도 동물원이 많이 생겼고, 심지어 쇼핑몰 같은 상업 공간에 팝업 형태로도 동물원이 들어서고 있다. 짧은 기간 특정 주제를 가지고 진행되는 전시가 많은데, 철창이나 유리 너머로 혹은 영상으로만 보던 동물들을 가까이에서 마주할 수 있다는 점에서 관람객들에게 새로운 경험을 선사해 주고 있을 것이다. 그런데 흥미와 체험이 우선시되는 이런 상업 공간에서 동물 복지가 잘 지켜질 수 있을까. 시끄러운 소음과 강한 조명, 먹이 주기 체험 등으로 인한 불특정 다수와의 접촉이 반복되는데 어찌 동물들이 과도한 스트레스를 받지 않을 수 있을까. 전시에 있어 동물의 습성이 세밀하게 고려되지 않고 관람객들에게 동물을 존중하는 경험을 선사하지 못한다면, 이러한 새로운 시도 역시 동물 학대에 지나지 않게 될 것이다.

동물을 좁은 공간에 가두고 오락 목적으로 먹이를 주거나 만지는 체험은 오래전부터 문제가 되어 왔는데, 코로나19 사태 이후 인수공통전염병에 대한 경각심까지 높아지면서 결국 무분별한 동물과의 접촉이 금지되기에 이르렀다. 2022년 「동물원수족관법」 개정의 주된 내용 중 하나가 바로 동물에게 불필요한 고통을 주는 올라타기, 만지기, 먹이 주기 등의 행위 금지이다. 게다가 이 개정을 통해 동물원·수족관 허가제가 도입되며 동물원·수족관의 운영 요건이 한층 강화되었고, 사람들에게 노출되었을 때 특히 스트레스를 많이 받는 고래와 같은 동물들의 신규 보유가 금지되었다. 그리고 이 시기 「야생생물법」 개정도 같이 이루어져 동물원과 수족관이 아닌 시설에서 살아 있는 야생동물을 전시하는 것도 금지되었다.

의미 있는 진전이었다. 그러나 기존에 있던 동물원에 대해서는 2028년 12월 13일까지 5년의 유예기간이, 동물원으로 등록하지 않고 야생동물들을 전시하던 시설의 경우 2027년 12월 13일까지 4년의 유예기간이 부여되어 허가 요건을 갖추지 못한 동물원 및 시설이 상당 시간 존속 가능한 데다, 유예기간 동안 발생할 수 있는 동물 유기나 방치 등의 문제가 남아 있어 보완점 또한 뚜렷한 상황이다. 야생동물들이 유예기간 이후 합법적인 시설로 안전하게 이전되어 관리될 수 있도록 제도적 기반을 철저히 마련해야 할 것이다.

동물들의 고통은 곧 인간 사회를 비추는 거울이다. 생명에게서 생명답게 살아갈 권리를 빼앗는다면 이를 진정한 문명사회라고 할 수 있을까. 사자 바람이는 콘크리트 감옥에 갇힌 지 7년 만에 흙을 밟고 맑은 하늘을 보게 되었다. 그런데 이것조차 행운에 가깝다. 바람이처럼 주목을 받지 못한 채 좁은 철창 안에 갇혀 극도의 스트레스로 제자리를 맴도는 동물들이 수없이 존재한다. 언젠가 우리 아이들이 왜 동물들을 철창에 가뒀냐고 묻는 날이 올지도 모른다. 그 질문 앞에서 우리는 어떤 답을 내놓게 될까.

순환하는 건축

지속 가능한 도시를 위한 제언

건축물도 인간처럼 세월이 흐르면 여기저기에 문제가 생긴다. 평소 관리를 잘한다면 고쳐가며 오래 사용할 수 있지만, 그래도 언젠가는 철거를 해야 하는 상황에 도달한다. 끝내 철거된 건물에서는 각종 폐기물이 나오는데, 이것들은 분해되어 자연으로 돌아가기까지 아주 오랜 시간이 소요된다.

건물을 지을 때는 모래, 자갈, 석회석, 목재 등 수많은 자원이 사용된다. 오랜 세월에 걸쳐 만들어진 자원들인데 소비되는 것은 순식간이다. 그나마 자원을 재활용할 수 있다면 좋겠지만 애석하게도 많은 양이 매립되거나 소각된다. 그리고 새 건물을 지을 때 또다시 새로운 자원을 소비하는 악순환이 반복된다. 여기에 더해 건물을 철거하는 과정에서 온실가스와 각종 오염물질이 발생한다. 오늘날 건축은, 이처럼 자원을 채굴하여 이용하고 쓸모없어지면 폐기해 버리는 방식으로 기후와 자원, 생태 등 환경 전반에 영향을 미치고 있다.

환경파괴를 최소화하고 지속 가능한 도시를 만들려면 이제는 한 번 쓰고 버리는 것이 아니라 자원을 여러 차례 재사용할 수 있는 순환 체계로 전환해야 한다. 그렇게만 된다면 노후화된 건축물은 더 이상 버려야 할 폐기물이 아니라 다음 건축을 위한 거대한 '자재 창고'가 될 것이다. 방법은 생각보다 단순하다. 애초에 건물을 해체하기 쉬운 구조로 지으면 된다. 예컨대 건물의 구조체를 콘크리트를 부어서 굳히는 일체식 공법 대신, 볼트와 너트 등을 이용한 가구식 구조로 만들면서 마감재에는 최소한의 접착제만 사용하는 것이다. 그러면 건물은 마치 장난감 블록처럼 손쉽게 조립하고 분해할 수 있으며, 필요한 부재部材만 골라 재사용할 수 있게 된다.

사실 이러한 공법은 새로운 것이 아니다. 우리의 전통 가옥인 한옥을 떠올려보자. 한옥은 목재를 짜 맞춘 기둥, 보, 서까래로 구조체를 만든다. 그 덕분에 집을 해체한 뒤 다른 집을 지을 때 재료를 그대로 옮겨 쓸 수 있다. 지붕의 기와는 씻어서 다시 쓰고, 기초의 주춧돌도 다른 집으로 가져가 다시 쓰면 된다. 한옥 벽의 주재료가 흙이기 때문에, 이 흙을 물에 풀어 반죽하면 벽까지 재사용이 가능하다. 무엇보다 목재와 흙, 돌 같은 재료로 만든 집은 쓰임이 끝나더라도 그대로 자연으로 돌아간다.[22] 이렇듯 한옥의 구성체는 자연물 그대로이기에 짓는 과정에서도 폐기 과정에서도 크게 환경을 해치지 않는다.

문제는 현대건축이다. 스티로폼, 우레탄폼 같은 플라스틱 계열의

단열재와 각종 합성수지 마감재 그리고 여러 재료를 접착제로 붙여 만든 복합 자재들은 쉽게 분리되지 않아 재활용하기 어려운 데다 쉽게 썩지도 않는다. 그러므로 자원 낭비를 최소화하려면 재료 선정에 더욱 신중을 기하고 복합 자재를 분해하여 재활용할 수 있는 방안을 마련해야 한다. 이러한 시대적 과제에 대한 흥미로운 대안이 있다. 바로 '어반 마이닝urban mining'이다. 말 그대로 '도시 채굴'이라는 뜻인데, 자원을 광산이 아닌 도시에서 캐낸다는 발상이다. 이 관점에서 보면 해체를 앞둔 건물은 폐기물 덩어리가 아니라 앞서 말한 것처럼 거대한 자재 창고가 된다.

스위스 뒤벤도르프에 지어진 'UMARUrban Mining and Recycling'은 어반 마이닝이 잘 구현된 사례다. UMAR은 스위스연방 재료과학기술연구소EMPA의 직원들이 실제로 거주하며 연구를 수행하는 주거 겸 오피스 공간이자 일종의 실험 유닛인데 벨기에 브뤼셀 은행에서 문손잡이를 가져오고 네덜란드에서 재활용 벽돌을, 독일에서 재생 유리판을 가져오는 등 다양한 국가에서 재활용 자재들을 조달해 와 조립해 만들었다. 무엇보다 처음부터 모든 요소를 해체하기 쉽게 연결했기 때문에 필요하다면 전체를 해체해 다른 곳으로 옮길 수도 있다.[23]

UMAR의 사례처럼 어반 마이닝을 제대로 실현하기 위해선 몇 가지 조건이 필요하다. 먼저 설계 단계에서부터 추후 진행될 철거 절차를 고려해야 하고, 못이나 접착제 대신 볼트 등을 이용하여 쉽게 분리할 수 있는 체결 방식을 사용해야 한다. 또한 자재마다 생산지, 성분, 사용 이력 등을 기록한 '자재 여권material passport'*을 도입하고 회수, 보관, 재유통을 담당할 물류 체계를 갖추어야 한다. 당연히 훗날 철거할 때도 포클레인으로 건물을 부수는 방식이 아니라 자재를 하나씩 분해해야 한다. 이렇게 해서 건축 자재를 확보한다면 새로운 자원을 마련하여 제조하는 과정이 크게 축소된다. 더불어 해체 과정에서 먼지와 유해 물질, 소음 등이 발생하는 것을 줄일 수 있다. 도시 자체가 거대한 자재 광산이 될 수 있다는 이 발상은, 앞으로 건축이 가야 할 또 다른 방향을 보여준다.

폐기물을 줄이는 가장 직접적인 방법은 처음부터 순환이 가능한 재료를 사용하는 것이다. 그 대표적인 예는 단연 목재다. 앞서 말했듯 목재에 볼트나 철물을 접합하여 건식으로 시공하면 재사용이 용이하고, 제조 및 가공 과정에서도 콘크리트나 철강보다 에너지 소모가 적어 탄소 배출을 줄일 수 있다. 게다가 최근에는 '공학목재engineered wood'가 발달하면서 내구성과 안정성까지 획기적으로 개선되었다. 덕분에 목재를 대규모 건축물에서도 사용하게 되었으니, 목조 건축의 가능성이 더욱 커진 셈이다.

이러한 분위기 속에서 2025년 일본 오사카 엑스포에서는 거대한 목재 구조물이 주목을 받았다. 엑스포의 핵심 공간에 세워진

---

* 여권이 개인의 신상 정보를 제공하는 것처럼, 자재 여권은 건축물에 대한 전반적인 정보를 제공한다. 이렇게 건설자재를 비롯해 건축물이 어떤 요소로 이루어져 있는지 정확하게 기록해 놓으면 건축물의 수명이 다했을 때 가치 있는 자재가 버려지거나 소각되는 것을 방지하고 수월하게 회수할 수 있게 된다.(김미홍, 「[E·D칼럼] 자재 여권Material passport과 순환 건축물—건물, 짓는다면 다시 사용할 수 있어야」, 『에너지데일리』, 2024년 3월 7일.)

'그랜드 링Grand Ring'은 일본산 삼나무와 편백나무로 만들어진 세계 최대 규모의 목조 구조물로, 전통 기법을 적용해 못을 거의 사용하지 않고 자재를 끼워 맞추는 방식으로 조립되었다. 지진에 견딜 수 있는 유연성을 확보하면서 행사 종료 후에 해체 및 재활용이 가능하도록 설계되었는데,[24] 이는 공공건축이나 민간 프로젝트에서도 충분히 목재를 이용해 안정적인 건축을 할 수 있음을 시사한다. 이처럼 처음부터 해체와 재사용을 염두에 둔 설계와 지역 재료의 활용은 '순환 건축'의 고리를 만들어낼 것이다.

새로 짓는 것만이 능사가 아니다. 자원 순환을 실현하는 리모델링이 건축의 기본값이 되어야 한다. 낡았다는 이유로 건물을 허물고 다시 짓는 대신, 구조를 최대한 살리고 기능을 전환해 수명을 연장하는 것이야말로 건축이 지향해야 할 윤리가 아닐까. 파괴보다 순환을 우선하는 태도가 지속 가능한 도시를 위한 한 걸음이 될 것이다.

건축이라는 망망대해를 건넘에 있어 혼자가 아닌 함께라는 사실에 감사한다. 첫 독자가 되어 사유를 보태준 길우철 건축사님과 이 글에 애정의 시간을 내어준 송재형 편집자님이 있었기에 이 글이 서랍 속 파편으로 남지 않고 세상에 나올 수 있었다. 이 지면을 빌려 감사의 말을 전한다.

내가 사랑하는 건축을 통해 나와 내 이웃의 삶이 더 존엄하고 행복해지기를 바란다.

1부 존재의 보금자리

01 이진백, 「[아름다운家] 유럽 국가에서 배우는 사회주택 '해법'」, 『LIFEIN』, 2020년 11월 4일.

02 방송희, 「저출산 시대, 청년 주거지원 정책의 미래: 해외사례를 통한 시사점」, 『주택금융리서치』, 32호, 한국주택금융공사 주택금융연구원, 2023년 12월 29일, 16~25쪽.

03 송진식, 「'주거 사각' 수십만 지하주택, 언제 볕 드나」, 『경향신문』, 2020년 4월 12일.

04 국토교통부, 「『주택보급률』 통계정보보고서」, 2024년.

05 지표누리 공식 웹사이트, 「주택이외의 거처 가구 수」, 국가데이터처, http://www.index.go.kr/unity/potal/indicator/IndexInfo.do?clasCd=10&idxCd=F0190(접속일: 2026년 1월 10일); 국토교통부 공식 웹사이트, 「[카드뉴스] 2022년 주택이외의거처 주거실태조사」, https://www.molit.go.kr/USR/NEWS/m_35045/dtl.jsp?id=95088988(접속일: 2026년 1월 10일).

06 국토교통 통계누리 공식 웹사이트, 「주택/주택이외의거처 주거실태조사(2022년)」, 통계표명: 37. 현재거처에서 거주하게 된 이유(1순위) (2022~2022), https://stat.molit.go.kr/portal/cate/statView.do?hRsId=564&hFormId=6977(접속일: 2026년 1월 10일).

07 윤유경, 「"내 박스 뺏고 도망가서 쫓아가니…" 홈리스 혐오로 돈 버는 유튜버들」, 『미디어오늘』, 2024년 12월 16일.

08 장지훈, 「현금 지원이 노숙자에게 미치는 긍정적인 영향」, 『세계도시동향』, 570호, 서

울연구원, 2024년 3월 11일, 1~3쪽; The University of British Columbia 공식 웹사이트, Environment and Sustainability(IRES), 「Science leads the way in initiative providing direct cash transfers to individuals experiencing homelessness」, https://ires.ubc.ca/cash-transfer-study/(접속일: 2026년 1월 10일).

09 미국 주택도시개발부(U.S. Department of Housing and Urban Development, HUD) 정책개발·연구국(Office of Policy Development and Research), 「Housing First: A Review of the Evidence」, 『Evidence Matters: Spring/Summer 2023』, 2023년.

10 박미선, 「주거권 실현수단으로써 공공임대주택 정책의 발전 경로와 지속가능성에 대한 고찰」, 『공간과 사회』, 33권, 1호, 통권 83호, 한국공간환경학회, 2023년, 14쪽.

11 남원석, 「우리나라 공공임대주택 정책의 변천과 주요 쟁점」, 토지주택연구원, 2010년, 1쪽.

12 김영태, 「한국 공공임대주택 정책흐름」, 『住居 K-housing』, 9권, 한국주거학회, 2010년, 7쪽.

13 고길곤, 「임대주택 정책 추이 및 개선방안」, 국회예산정책처, 2018년, 5쪽.

14 도건협, 「LH 공공주택 하자 연간 50만 건 육박…3년 새 2배 급증」, 대구MBC, 2025년 10월 7일.

15 김희원, 「LH 공공주택, 하자 늘고 수리 늦고 소송 규모도 증가…"품질관리 부실"」, 『굿모닝경제』, 2025년 10월 14일.

16 최민아, 「공공주택의 답은 프랑스에 있다」, 『한겨레21』, 2021년 7월 25일.

17 권민철, 「[르포]주택 75%가 임대주택, 살기좋은 세계1등 도시」, 『노컷뉴스』, 2025년 7월 3일.

18 통계청, 「2024년 인구주택총조사 결과(등록센서스 방식)」, 2025년 7월 29일.

19 「한국인의 절반 이상이 아파트에 살고 있다」, 한국토지주택공사 공식 웹사이트, 2024년 7월 1일, https://www.lh.or.kr/gallery.es?act=view&bid=0004&mid=a10503000000&list_no=11496(접속일: 2026년 1월 10일).

20 「택지개발촉진법」, 행정안전부 국가기록원 공식 웹사이트, https://www.archives.go.kr/next/newsearch/listSubjectDescription.co?id=001390&sitePage(접속일: 2026년 1월 10일).

21 국가데이터처, 「2025 통계로 보는 1인가구」, 2025년 12월 9일.

22 통계청, 「장래가구추계(시도편): 2020~2050년」, 2022년 10월 19일.

23 박은미, 「"어른들이 묵인한 꿈나무마을 아동학대, 관심 가져달라"」, 『은평시민신문』, 2022년 1월 26일.

24 장지선, 「〈단독〉 꿈나무마을 보도 이후… "수녀님도 때렸다" 증언 나왔다」, 『일요시사』, 2021년 12월 3일.

25 김다은, 「보호아동이 '어른' 되려면 시설부터 바뀌어야 한다」, 『시사IN』, 2022년 10월 19일.

26 新たな社会的養育の在り方に関する検討会, 『新しい社会的養育ビジョン』, 厚生労働省, 2017년, 47쪽.

27 이주연 외 5인, 『보호대상아동의 가정보호 활성화 방안 연구』, 연구보고서 2023-38, 한국보건사회연구원, 2023년 12월, 69쪽.

28 김민재, 「주택비용 모두 사비로… 운영비 보조 월 47만원 고작」, 『민들레』, 2025년 6월 11일.

29 소영랑, 「위탁가정 아동, 진심 어린 돌봄을 위해서는 권한이 필요하다」, 『베이비뉴스』, 2025년 6월 9일.

30 김가은, 「"동거인 신분이어서"…위탁가정의 호소 "법적·제도적 지원 절실"」, MBN 뉴스, 2023년 5월 12일.

31 정순우, 「새로 짓는 집 88%가 아파트… 서민은 어디 사나」, 『조선일보』, 2024년 2월 20일.

32 「Republic of Korea: Child Friendly Cities Initiative」, UNICEF Child Friendly Cities Initiative 공식 웹사이트, https://www.childfriendlycities.org/initiatives/republic-korea(접속일: 2026년 1월 10일); 이상범, 「과천시, 유니세프 '아동친화도시' 인증 획득, 경기도 내에서 15번째」, 『경기신문』, 2024년 3월 20일.

33 송진식, 「우리 동네가 아동친화도시?…살면서도 몰랐네요」, 『경향신문』, 2024년 2월 4일.

34 「어린이가 살기 좋은 도시 만들기 10년, 변화를 말하다」, 유니세프 한국위원회 공식 웹사이트, https://www.unicef.or.kr/what-we-do/news/192275/(접속일: 2026년 1월 10일).

35 나길회, 「베를린市 아이들 떠들 권리 허용」, 『서울신문』, 2010년 2월 19일.

36 김정근, 「시니어 마음을 뒤흔드는 선진국의 혁신 요양원」, 『중앙일보』, 2018년 4월 12일.

37 정소양 외 4인, 「고령자의 지역사회 계속거주 Aging in Place, 무엇을 어떻게 지원할 것인가?」, 『국토정책 Brief』, 965호, 국토연구원, 2024년 5월 13일, 2쪽.

38 한국소비자원, 「추락·미끄러짐 등 가정 내 안전사고 주의하세요」, 2025년 3월 25일.

39 최창원, 「'노인의 나라' 일본…한국의 미래다」, 『매일경제』, 2025년 7월 4일(2025년 7월 17일 수정).

40 김남기, 「[돌봄 이슈파이팅] '내가 살던 곳에서 여생을'…경기도, 네덜란드 'AIPAging In Place' 도입」, 『이모작뉴스』, 2024년 5월 20일.

41 조은아, 「"내가 살던 곳이 '요양원' 된다"… 돌봄 필요하면 의료진이 찾아와」, 『동아일

보』, 2025년 4월 17일.

42 국가데이터처, 「2024년 사회조사 결과」, 2024년 11월 12일.

43 박병규, 「존엄한 삶과 존엄한 죽음을 위한 공간」, 『오마이뉴스』, 2025년 7월 15일.

44 김소연, 「[르포] "월세 30만원 하던 게 200만원" 예산시장 젠트리피케이션 논란」, 『연합뉴스』, 2024년 11월 27일.

2부 노동의 자리

01 이유진, 「서울대 청소노동자 사망 한달…휴게시설 개선 움직임 어디까지 왔나」, 『한겨레』, 2019년 9월 15일.

02 김지환, 「한국타이어 청소노동자 휴게실은 화장실…"산안법 위반"」, 『경향신문』, 2023년 8월 27일.

03 김지환, 「아파트 청소노동자 휴게실이 어디 있는지 아시나요?」, 『경향신문』, 2024년 11월 3일.

04 The National Archives(UK), 「The 1888 matchg rls' strike」, https://www.nationalarchives.gov.uk/explore-the-collection/stories/1888-matchgirls-strike/(접속일: 2026년 1월 10일).

05 HISTORY.com Editors, 「Triangle Shirtwaist Factory Fire」, HISTORY, 2009년 12월 2일, https://www.history.com/articles/triangle-shirtwaist-fire(접속일: 2026년 1월 10일); 「141 Men and Girls Die in Waist Factory Fire; Trapped High Up in Washington Place Building; Street Strewn with Bodies; Piles of Dead Inside」, 『New York Times』, 1911년 3월 26일, Cornell University ILR School, Triangle Factory Fire Digital Archive, https://trianglefire.ilr.cornell.edu/primary/newspapersMagazines/nyt_032611.html(접속일: 2026년 1월 10일); 김용현, 「트라이앵글 공장 화재와 뉴욕 주의 노동조건 개혁」, 성균관대학교 일반대학원 사학과, 학위논문(석사), 2017년.

06 홍준표, 「'대피로 폐쇄'로 38명 숨졌는데. 발주처 팀장 '무죄' 확정」, 『매일노동뉴스』, 2021년 11월 26일; 이우림, 「[이천 화재] "스프링클러 그런게 어딨나…20년 현장 중 최악"」, 『중앙일보』, 2020년 4월 30일.

07 이동영, 「「중대재해 처벌 등에 관한 법률」의 입법영향분석」, 『NARS 입법영향분석』, 64호, 국회입법조사처, 2025년 8월 28일.

08 홍준표, 「[단독] 중대재해 기소 100건 넘겼는데, 전체 사고 11% 그쳐 - 증대재해 추적기 ①」, 『매일노동뉴스』, 2025년 8월 11일.

09 고용노동부, 『2024 산업재해현황분석』, 2025년 12월, 189~362쪽.

10 이정은, 「여전히 '2인 1조' 무시…태안화력 산업안전 위반 천여 건 적발」, KBS대전, 2025년 10월 24일.

11 서용원, 「무기단열재 글라스울…화재확산 막았다」, 『대한경제』, 2025년 5월 19일.

12 정소희, 「올해 죽거나 다친 '배쿠요' 라이더만 '하루 8명'」, 『매일노동뉴스』, 2024년 8월 19일.

13 손예림, 「택배노동자 사망사고 4배↑ 70%가 '과로사'」, 『세이프타임즈』, 2024년 9월 30일.

14 이재규, 「전국에 83곳, 충북은 이제 1곳…청주 '이동노동자 쉼터' 개소」, 『뉴스1』, 2025년 6월 18일,

15 김형렬, 「수면장애 45배…노동자가 아픈데 승객은 안전할까 [왜냐면]」, 『한겨레』, 2025년 6월 9일.

16 이지원, 「화장실 갈 때도 눈치 보는 콜센터 상담사의 비명 [視리즈]」, 『더스쿠프』, 2023년 10월 9일.

17 이명주, 「[허가된 착취②] '시한폭탄' 달린 집…비닐하우스, 컨테이너 기숙사」, 『뉴스타파』, 2025년 10월 14일.

3부 모두를 위한 공간은 없다

01 A. 반 겐넵(아르놀드 방주네프), 전경수 옮김, 『통과의례』, 을유문화사, 2000년, 51~52쪽.

02 이수태, 「휠체어 안전사고 실태 조사」, 한국소비자원, 2011년 11월 30일, 21쪽.

03 킴 닐슨, 김승섭 옮김, 『장애의 역사』, 동아시아, 2020년, 177쪽.

04 국토교통부, 『2023년 교통약자 이동편의 실태조사 연구 최종보고서』, 2024년, 27쪽.

05 사비 마틸라, 「슈퍼블록 바르셀로나: 우리가 꿈꾸는 도시를 향하여」, 『스마트시티 탑 어젠다』, 국토교통부· 국토교통과학기술진흥원, 54~70쪽.

06 Transport for London 공식 웹사이트, https://tfl.gov.uk/travel-information/improvements-and-projects/step-free-access(접속일: 2026년 1월 10일).

07 Stockholm City Council, 「Stockholm City Plan」(공식 영문본 PDF), 연도 미상.

08 피에르 부르디외 외, 김주경 옮김, 『세계의 비참』, 동문선, 2000년, 263쪽.

09 가와우치 아리오, 김영현 옮김, 『눈이 보이지 않는 친구와 예술을 보러 가다』, 다다서재, 2023년, 55~65쪽.

10 임수연, 「[인터뷰] 당신은 어떻게 보고 있나요? - 〈눈이 보이지 않는 시라토리 씨, 예술을 보러 가다〉 출연자 시라토리 겐지 감독 미요시 다이스케, 가와우치 아리오」, 『씨네

21』, 2024년 11월 22일.

11 Claudia Elphick, 「The History of Women's Public Toilets in Britain」, HISTORIC UK, 2018년 8월 24일, https://www.historic-uk.com/CultureUK/History-of-Womens-Public-Toilets-in-Britain/(접속일: 2026년 1월 10일).

12 이원희·김명희, 「신경다양성 개념을 적용한 통합교육 실행연구」, 『통합교육연구』, 17권, 1호, 한국통합교육학회, 2022년, 218쪽; John Harris, 「The mother of neurodiversity: how Judy Singer changed the world」, 『The Guardian』, 2023년 7월 5일, https://www.theguardian.com/world/2023/jul/05/the-mother-of-neurodiversity-how-judy-singer-changed-the-world(접속일: 2026년 1월 10일).

13 강혜민, 「강동철·옥혜경 씨, 제2회 탈시설장애인상 수상」, 『비마이너』, 2022년 3월 25일.

14 복건우, 「탈시설장애인상 수상자들 "우리 같이 시설에서 나와요"」, 『비마이너』, 2023년 3월 24일; 전국장애인차별철폐연대, 「제3회 탈시설장애인상 수상자 박만순(노들장애인야학)」, https://sadd.or.kr/diRewardIntro/?bmode=view&idx=15499031(접속일: 2026년 1월 10일).

15 한귀영 외 8인, 김진균·정근식 편저, 『근대주체와 식민지 규율권력』, 문화과학사, 2000년, 378~330쪽.

16 사이먼 재럿, 최이현 옮김, 『백치라 불린 사람들』, 생각이음, 2022년, 143쪽.

17 Britannica, 「Dorothea Dix」, https://www.britannica.com/biography/Dorothea-Dix(접속일: 2026년 1월 10일).

18 Preethy George·Nev Jones·Howard Goldman·Abram Rosenblatt, 「Cycles of reform in the history of psychosis treatment in the United States」, 『SSM – Mental Health』, 3권, Article 100205, 2023년.

19 미셸 푸꼬(미셸 푸코), 김부용 옮김, 『광기의 역사』, 인간사랑, 1991년, 65~93쪽.

20 보건복지부, 『2025 장애인 복지시설 일람표』(2024년 12월 말 기준), 2025년, 3쪽.

21 하민지, 「"갈비뼈 부러지도록 맞았다" 태연재활원 공대위, 정부청사 농성」, 『비마이너』, 2025년 3월 14일.

22 홍나리, 「호주의 국가장애보험제도에 관한 연구」, 『보건사회연구』, 43권, 3호, 한국보건사회연구원, 2023년, 176쪽.

23 고영득, 「장애인 32명, 시설 생활 벗어나 독립…서울시 '지원주택' 첫 입주」, 『경향신문』, 2019년 12월 1일.

24 권민재, 「[단독] 119 "입 막고 대피하라"· ·화재에 홀로 숨진 시각장애인」, JTBC, 2022년 9월 15일.

25 박하얀, 「'안타깝고, 또 안타깝다'…한밤 반지하 거주 발달장애인 가족 덮친 수마」, 『경

향신문』, 2022년 8월 9일.

26 박은경, 「런던을 덮친 콜레라의 교훈」, 『여성신문』, 2010년 4월 2일.

27 조선닷컴, 「타이타닉 생존률, 표값 비싼 1등석이 압도적으로 높았다」, 『조선일보』, 2011년 7월 16일.

28 김경식, 「"재난은 평등하지 않다" 장애인, 재난 속 더 깊은 약자」, 『에이블뉴스』, 2025년 4월 30일.

29 오세웅, 「한신·아와지 대지진과 재해 지원 시스템 구축」, 『복지타임즈』, 2021년 4월 23일.

30 일본, 「災害対策基本法」, 2021년 5월 19일 개정본(공식 영문본 PDF).

31 토드 로즈, 정미나 옮김, 『평균의 종말』, 21세기북스, 2018년, 30쪽.

32 르 꼬르뷔제(르 코르뷔지에), 박경삼 옮김, 『모듈러』, 안그라픽스, 1991년, 56쪽.

33 KNN, 「UHD 특집다큐멘터리 도시는 나의 것 1부 시민의 거실」, 2023년, https://www.youtube.com/watch?v=nC4bT1iTVJk(등록일: 2023년 2월 22일).

34 Oodi Helsinki Central Library 공식 웹사이트, https://oodihelsinki.fi/en/accessibility/(접속일: 2026년 1월 10일).

35 사무 이브, 「시민들에 의한, 시민들을 위한 도서관」, https://msvinsight.com/samu-eeve/(접속일: 2026년 1월 10일).

4부 교실의 배신

01 이호진, 「〈교육 100년 校舍 100년-2〉 한국의 학교건축은 이렇게 시작됐다」, 『한국교육뉴스』, 1999년 5월 24일; 이호진, 「〈교육100년 교사 100년-3〉 皇國臣民化를 위한 학교건축(1900~1945년)」, 『한국교육뉴스』, 1999년 6월 28일; 이호진, 「〈교육100년 교사 100년-4〉 46년~80년대 초의 학교」, 『한국교육뉴스』, 1999년 8월 16일.

02 정선아, 「"세상엔 쿠션이 없기에…" 수많은 헬렌 켈러가 부딪히며 일어섰다 [손끝에 닿지 않는 '훈맹정음'·(中)]」, 『경인일보』, 2024년 11월 4일(2024년 11월 5일 수정).

03 사라 헨드렌, 조은영 옮김, 『다른 몸들을 위한 디자인』, 김영사, 2023년, 135~147쪽.

04 존 듀이, 이홍우 옮김, 『민주주의와 교육』, 교육과학사, 2007년.

05 UNESCO, 「THE SALAMANCA STATEMENT AND FRAMEWORK FOR ACTION ON SPECIAL NEEDS EDUCATION」, 1994년.

06 박하얀, 「"학교에서부터 장애인을 분리하면, 사회에서는요?"」, 『경향신문』, 2024년 4월 19일.

07 Britannica, 「Maria Montessori」, https://www.britannica.com/biography/Maria-

Montessori(접속일: 2026년 1월 10일); 최윤필, 「[기억할 오늘] 마리아 몬테소리(1.6)」, 『한국일보』, 2020년 1월 6일(2020년 2월 7일 수정).

08 마리아 몬테소리, 정명진 옮김, 『흡수하는 정신』, 부글북스, 2018년, 4~7쪽.

09 김소라·최희정, 「심리운동 신체경험을 위한 스노젤렌Snoezelen 적용에 대한 탐색」, 『심리운동연구』, 10권, 1호, 한독심리운동학회, 2024년 5~6쪽.

10 이승훈 외 2인, 『특수학교 심리안정실 운영 매뉴얼 개발 연구 보고서』, 국립특수교육원, 2020년 12월 17일, https://www.nise.go.kr/ebook/site/20201217_154718/(접속일: 2026년 1월 10일).

11 류승연, 「학교 심리안정실이라는데… 울부짖고 오줌 싸는 아이들」, 『오마이뉴스』, 2024년 5월 13일.

12 클레어 멀리, 이길태 옮김, 『누가 이 아이들을 구할 것인가?』, 책앤, 2017년; 김소영, 「아동권리의 기준을 만들어 온 세이브더칠드런」, 『Save the Children』, 167권, 세이브더칠드런, 2024년 11월 28일, 4~6쪽.

13 국가보훈부, 「방정환 공적조서」, 공훈전자사료관, https://e-gonghun.mpva.go.kr/user/IndepCrusaderDetail.do?goTocode=20003&mngNo=3335(접속일: 2026년 1월 10일); 한국방정환재단 공식 웹사이트, 「어린이선언」, https://children365.or.kr/children-announcement(접속일: 2026년 1월 10일); 권재현, 「1931년 소파 방정환 선생 타계」, 『경향신문』, 2010년 7월 22일.

14 문정임, 「[제주섬 어린이와 놀이공간] 도시화와 함께 등장, 시작은 모래 상자」, 『국민일보』, 2023년 7월 21일(2023년 7월 22일 수정).

15 Jon Winder, 「Revisiting the Playground」, History Workshop, https://www.historyworkshop.org.uk/family-childhood/revisiting-the-playground/(접속일: 2026년 1월 10일); 김지섭, 「미끄럼틀은 언제 누가 만들었을까…세계 최초의 미끄럼틀」, 『조선일보』, 2012년 4월 18일.

16 김성원, 『마을이 함께 만드는 모험 놀이터』, 빨간소금, 2018년.

17 한상진, 「보행자 중심의 가로 만들기 사례」, 『세계와 도시』, 10권, 여름호, 서울특별시·서울연구원, 2015년, 18~23쪽; 원호연, 「"골목길은 아이가 뛰어놀 수 있어야"」, 『헤럴드경제』, 2017년 1월 17일.

18 백형찬, 「[대학의 歷史③] 유니버시티와 칼리지」, 『한국대학신문』, 2019년 4월 24일.

19 「서원」, 한국민족문화대백과사전, https://encykorea.aks.ac.kr/Article/E0028091(접속일: 2026년 1월 10일).

20 임완철, 「교실 내 공기 중 이산화탄소 농도가 학습에 미치는 효과에 대한 문헌 연구」, 『환경교육』, 28권, 2호, 한국환경교육학회, 2015년, 135쪽.

21 위의 논문, 141쪽.

22 이의진, 「[신문과 놀자!/피플 in 뉴스]수학적 통계 활용해 의료 혁신 이끈 나이팅게일」, 『동아일보』, 2025년 4월 7일.

23 함예솔, 「각종 코로나19 수칙, 원조는 나이팅게일?!」, 『이코노미사이언스』, 2020년 4월 10일.

24 Alvar Aalto Foundation, 「Paimio Sanatorium」, https://www.alvaraalto.fi/en/architecture/paimio-sanatorium(접속일: 2026년 1월 10일); Mikko Vaija, 「Alvar Aalto and the colors of the Paimio Sanatorium」, Finnish Design Shop(Design Stories), https://www.finnishdesignshop.com/design-stories/architecture/alvar-aalto-and-the-paimio-sanatorium(접속일: 2026년 1월 10일).

25 「학교보건법 시행규칙」 [별표 4의2] 공기 질 등의 유지·관리기준(제3조제1항제3호의2 관련).

5부 비인간 존재와의 공존

01 이영은·연평식, 「도시 녹지공간이 환경성 질환에 미치는 영향 분석」, 『한국산림휴양학회지』, 28권, 1호, 한국산림휴양복지학회, 2024년, 29~42쪽.

02 김선미, 「싱가포르에서 생각하는 한국 정원도시의 갈 길[김선미의 시크릿가든]」, 『동아일보』, 2024년 8월 9일.

03 유호경, 「도시생태복원, 그린 인프라가 부족하다 [한국 유럽 정책 비교]」, 『이코리아』, 2023년 7월 5일.

04 이형주, 「콘크리트 덮으면서 생태복원?…노들섬, ‘그린워싱’ 논란」, 『환경과조경』, 2025년 11월 4일.

05 김상화, 「동물 로드킬 1위는 ‘고라니’…전체의 83.5%」, 『서울신문』, 2025년 4월 28일.

06 Joshua Foer, 「Natuurbrug Zanderij Crailoo」, Atlas Obscura, https://www.atlasobscura.com/places/natuurbrug-zanderij-crailoo(접속일: 2026년 1월 10일).

07 윤수은, 「AI가 멸종위기 야생동물도 보호한다 [선진국의 로드킬 예방정책 톺아보기]」, 『이코리아』, 2025년 4월 9일.

08 이현우, 「늘어난 로드킬, ‘불쌍하다’하고 끝날 일 아닙니다]」, 『오마이뉴스』, 2024년 10월 13일.

09 위의 기사.

10 한준규, 「서울시 은평구의회 오영열 의원 “길고양이 생태통로 설치로 동물과 공존 모색”」, 『서울신문』, 2025년 7월 22일.

11 김문경, 「야생동물 죽이는 농수로…“탈출로 설치 확대해야”」, 『전북일보』, 2025년 7월

30일.

12 환경부, 「야생생물법 시행규칙 개정…공공기관의 야생동물 피해 최소화 의무 부여」, 대한민국 정책브리핑, 2023년 6월 8일, https://www.korea.kr/briefing/pressReleaseView.do?newsId=156574129(접속일: 2026년 1월 10일).

13 김석호 외 5인, 『가축매몰(살처분) 참여자 트라우마 현황 실태조사』, 국가인권위원회, 2017년.

14 이화영, 「[시론] '조용한 팬데믹' 항생제 내성」, 『국민일보』, 2025년 11월 25일.

15 정혁훈, 「'가축이 행복한 나라' 핀란드…"동물복지 세계 최고"」, 『매일경제』, 2025년 2월 24일.

16 천권필, 「극한 폭염에 매일 닭 10만마리 폐사…치킨·삼계탕 값 또 오르나」, 『중앙일보』, 2025년 7월 30일.

17 김지숙, 「극한 폭염에…농장동물 폐사, 지난해보다 10배 더 늘었다」, 『한겨레』, 2025년 7월 30일.

18 Temple Grandin, 「Biography: Temple Grandin, Ph.D」, Temple Grandin 공식 웹사이트, https://www.grandin.com/temple.html(접속일: 2026년 1월 10일).

19 유정민, 「'TV동물농장' 동물원 현실, 이대로 좋은가… 새 인생 얻은 사자」, iMBC연예, 2023년 7월 31일.

20 신성재, 「"곰은 시멘트 바닥에, 여우는 상처 입은 채 짝짓기"」, 『굿모닝충청』, 2025년 4월 24일.

21 김소희, 「철창 없는 열린 동물원 '싱가포르 동물원'」, 『오마이뉴스』, 2005년 3월 31일.

22 최방식, 「기후위기시대 한옥이 친환경 건축인 이유」, 『오마이뉴스』, 2024년 1월 23일.

23 VMSPACE(월간 SPACE), 「[기후재난과 건축] 재활용 재료로 만든 주거: UMAR」, https://vmspace.com/project/project_view.html?base_seq=MTcCNw(접속일: 2026년 1월 10일).

24 천의영, 「'건축이 사라진 풍경' [기고/천의영]」, 『동아일보』, 2025년 5월 21일.

존엄하고 초라한

존재를 배제하는 공간에 대하여

2026년 1월 30일 초판 1쇄 펴냄

지은이 강미현

펴낸이 공재우
등록 2021년 9월 9일 제395-2021-000171호
전자우편 manju1755@naver.com
블로그 blog.naver.com/manju1755
인스타그램 instagram.com/heumyeong.press

편집 송재형
디자인 김선미
제작 영신사

ⓒ 강미현 2026

이 도서는 2025년 문화체육관광부의 '중소출판사 성장부문 제작지원'
사업의 지원을 받아 제작되었습니다.

'흠영'은 꽃송이 같은 인간의 아름다운 정신을 펴냅니다.
투고 및 모든 독자 문의는 전자우편을 통해 받습니다.

ISBN 979-11-976400-9-4 03330